TUTELA COLETIVA

Inquérito Civil — Poderes Investigatórios do Ministério Público — Enfoques Trabalhistas

JOÃO BATISTA MARTINS CÉSAR
Procurador do Trabalho — PRT 15ª Região — Campinas/SP.

TUTELA COLETIVA
Inquérito Civil — Poderes Investigatórios do Ministério Público — Enfoques Trabalhistas

Dados Internacionais de Catalogação na Publicação (CIP)
(Câmara Brasileira do Livro, SP, Brasil)

César, João Batista Martins
    Tutela coletiva : inquérito civil, poderes investigatórios do Ministério Público, enfoques trabalhistas / João Batista Martins César. — São Paulo : LTr, 2005.

    Bibliografia.
    ISBN 85-361-0616-6
    1. Direito processual do trabalho — Brasil 2. Interesses coletivos (Direito) 3. Interesses difusos (Direito) 4. Ministério Público — Brasil 5. Tutela jurisdicional I. Título

04-6549   CDU-347.963:331(81)

Índices para catálogo sistemático:

1. Brasil : Ministério Público : Tutela coletiva : Direito processual do trabalho 347.963:331(81)
2. Brasil : Tutela coletiva : Ministério Público : Direito processual do trabalho 347.963:331(81)

Produção Gráfica e Editoração Eletrônica: **WTJ**
Capa: **ELIANA C. COSTA**
Impressão: **HR GRÁFICA E EDITORA**

(Cód. 3041.1)

© Todos os direitos reservados

EDITORA LTDA.

Rua Apa, 165 — CEP 01201-904 — Fone (11) 3826-2788 — Fax (11) 3826-9180
São Paulo, SP — Brasil — www.ltr.com.br

Março, 2006

*Dedico este trabalho à minha amada esposa Claudete e
ao meu querido filho João Augusto, porque representam,
a cada dia, um lindo estímulo para enfrentar
as adversidades da vida.*

Registro a minha gratidão aos amigos e colegas de trabalho *Januário Justino Ferreira, Ronaldo José de Lira* e *Dimas Moreira da Silva*, incansáveis colaboradores na luta do dia-a-dia por um mundo mais justo e perfeito.

Especial gratidão dedico aos amigos *Valdir Rinaldi Silva* e *Fábio Sola Aro*, pelo incentivo para prosseguir nos estudos para o polimento da pedra bruta.

ÍNDICE

Introdução 13

Capítulo 1 — Ministério Público 15
   1.1. Origem do Ministério Público 15
   1.2. Origens do Ministério Público Brasileiro 17
   1.3. Origem da Expressão Ministério Público 19
   1.4. Ministério Público Brasileiro 19
   1.5. Ministério Público e Magistratura nos Diversos Países 20
   1.6. A Ação Civil Pública e o Atual Perfil do *Parquet* 22
   1.7. Estrutura Inconstitucional do MPT 30

Capítulo 2 — Inquérito Civil 36
   2.1. Origens do Inquérito Civil e sua Evolução Histórica 36
   2.2. Nomenclatura — Inquérito Civil ou Inquérito Civil Público? 38
   2.3. Disciplinas legais 38
   2.4. Disciplinas no Âmbito do Ministério Público do Trabalho 39
   2.5. Objeto do Inquérito Civil 40
   2.6. Conceito 44
   2.7. Natureza Jurídica 48

Capítulo 3 — Poderes Investigatórios no Inquérito Civil 49
   3.1. Introdução 49
   3.2. Normas legais 51
   3.3. Notificações 53
      3.3.1. Notificações Especiais 54
      3.3.2. Notificação de Testemunhas e Condução Coercitiva 55
   3.4. Condução Coercitiva do Investigado 56
   3.5. O Falso Testemunho no Inquérito Civil 56
   3.6. Poder Requisitório 57

3.7. Acesso a Documentos Públicos 58
3.8. Acesso a Documentos Particulares 60
3.9. Requisição para Instauração de Procedimentos Administrativos. 60
3.10. Requisição de Exames e Perícias 60
3.11. Requisição de Informações Sigilosas 61
3.12. Sigilo Fiscal 63
3.13. Sigilo Bancário 65
    3.13.1. Introdução 65
    3.13.2. Requisição de Informações protegidas pelo sigilo bancário ... 67
3.14. Limites ao Poder de Requisição 78
3.15. Gratuidade das Requisições 79
3.16. Descumprimento das Requisições 79
    3.16.1. Requisição X Princípio da não auto-incriminação 80
3.17. Busca e Apreensão 81
3.18. Objeto da Requisição 82
3.19. Diligência 82
3.20. Audiência pública 83
    3.20.1. Objeto 83

Capítulo 4 — Presunção de Veracidade das Provas colhidas no Inquérito Civil 84
4.1. As "Ondas" do Processo Civil 84
4.2. Valor das provas colhidas no inquérito civil 90

Considerações Finais 99

Jurisprudência 101

Anexos 113

Referências bibliográficas 125

Entre todos os cargos judiciários, o mais difícil, segundo me parece, é o do Ministério Público. Este como sustentáculo da acusação, devia ser tão parcial como um advogado; e como guarda inflexível da lei, devia ser tão imparcial como um juiz. Advogado sem paixão, juiz sem imparcialidade, tal o absurdo psicológico, no qual o Ministério Público, se não adquirir o sentido do equilíbrio se arrisca — momento a momento — a perder por amor da sinceridade a generosa combatividade do defensor; ou, por amor da polêmica, a objetividade sem paixão do magistrado (*in Elogio dos juízes — Piero Calamandrei*). *Apud José Fernando da Silva Lopes, O Ministério Público e o processo civil*, São Paulo, Saraiva, 1976, p. 1, citado por *Antônio Cláudio da Costa Machado*, "A Intervenção do Ministério Público no Processo Civil Brasileiro", 2ª ed., São Paulo: Saraiva, 1998, p. 2/3.

1. INTRODUÇÃO

Por meio do presente trabalho, pretendemos analisar os instrumentos investigatórios que estão à disposição do Ministério Público do Trabalho para realizar seu papel constitucional previsto no art. 127 da Lei Maior.

Uma breve exposição histórica é imprescindível para a análise do instrumento.

Pretendemos examinar as principais normas legais, especialmente a Constituição da República e a Lei Complementar n. 75, de 20.05.1993.

Pelo fato de o inquérito civil ser um instituto relativamente recente, um estudo minucioso se faz necessário para compreendê-lo no seu papel de ampliação do acesso à Justiça.

Para a realização do trabalho utilizamos pesquisas em livros, revistas e repertórios jurisprudenciais que, lidos e analisados, foram interpretados com a experiência profissional de quem atua no dia-a-dia nessa questão.

A partir do exame dos poderes investigativos do membro do Ministério Público da União na condução do Inquérito Civil, procuraremos demonstrar a importância desse instrumento na ampliação do acesso à Justiça, contribuindo para a efetiva prestação da tutela jurisdicional.

Em matéria de processo, a tendência é a coletivização das demandas, ou seja, o incremento da tutela coletiva. Nesse diapasão, o inquérito civil pode ser um poderoso instrumento para solucionar, na via administrativa, os conflitos de interesses de massas, contribuindo para desafogar o assoberbado Poder Judiciário.

Capítulo 1

MINISTÉRIO PÚBLICO

Para subsidiar as conclusões que serão feitas ao final deste trabalho, torna-se indispensável uma digressão sobre o Ministério Público e sua história.

A Constituição da República de 1988, art. 127, preceitua que o Ministério Público é uma instituição permanente, essencial à função jurisdicional do Estado, incumbindo-lhe a defesa da ordem jurídica, do regime democrático e dos interesses sociais e individuais indisponíveis. É um órgão do Estado, não de governo, ao qual cabe zelar pelos interesses indisponíveis com grande abrangência social.

Sendo uma organização permanente, só pode ser extinto em razão de uma nova ordem constitucional.

1.1. Origem do Ministério Público

O Ministério Público teve origem nos procuradores do rei do velho direito francês (Ordenança de 25.3.1302, de Felipe IV, o Belo)[1].

Informa o ilustre *Hélio Tornaghi*, citado por *Ronaldo Porto Macedo Júnior in Ministério Público — Instituição e Processo — Evolução Institucional do Ministério Público Brasileiro — IEDC — Instituto de Estudos Direito e Cidadania* — São Paulo: Atlas, p. 36, que:

"A fim de conceder prestígio e força a seus procuradores, os reis deixaram sempre clara a independência desses em relação aos juízes. O Ministério Público constitui-se em verdadeira magistratura diversa da dos julgadores. Até os sinais exteriores desta proeminência foram resguardados; membros do Ministério Público não se dirigia aos juízes no chão, mas de cima do mesmo estrado (*parquet* — palavra que tornou-se sinônimo da própria instituição. Ministério Público) em que eram colocadas as cadeiras des-

---

(1) Cf. MACHADO, Antônio Cláudio da Costa. *A intervenção do Ministério Público no Processo Civil Brasileiro*. 2ª ed. São Paulo: Saraiva, 1998, p. 13.

ses últimos e não se descobriam para lhe endereçar a palavra, embora tivessem de falar de pé (sendo por isso chamados de *Magistrature debout*, magistratura de pé)."

Ainda nos dias atuais, o Ministério Público possui as mesmas características, conforme preceitua o art. 128, § 5º, incisos I e II, *verbis*:

I — as seguintes garantias:

a) vitaliciedade, após dois anos de exercício, não podendo perder o cargo senão por sentença judicial transitada em julgado;

Doutrina Vinculada

b) inamovibilidade, salvo por motivo de interesse público, mediante decisão do órgão colegiado competente do Ministério Público, pelo voto da maioria absoluta de seus membros, assegurada ampla defesa; (Redação dada à alínea pela Emenda Constitucional n. 45, de 8.12.2004, DOU 31.12.2004)

c) irredutibilidade de subsídio, fixado na forma do art. 39, § 4º, e ressalvado o disposto nos arts. 37, X e XI, 150, II, 153, III, 153, § 2º, I; (Redação dada à alínea pela Emenda Constitucional n. 19/98)

II — as seguintes vedações:

a) receber, a qualquer título e sob qualquer pretexto, honorários, percentagens ou custas processuais;

b) exercer a advocacia;

c) participar de sociedade comercial, na forma da lei;

d) exercer, ainda que em disponibilidade, qualquer outra função pública, salvo uma de magistério;

e) exercer atividade político-partidária; (Redação dada à alínea pela Emenda Constitucional n. 45, de 8.12.2004, DOU 31.12.2004)

f) receber, a qualquer título ou pretexto, auxílios ou contribuições de pessoas físicas, entidades públicas ou privadas, ressalvadas as exceções previstas em lei. (Alínea acrescentada pela Emenda Constitucional n. 45, de 8.12.2004, DOU 31.12.2004)

Antes da EC n. 45/2004, em nossa ótica, a alínea "e", cuja atual redação está acima transcrita, representava o maior diferencial entre as carreiras do Ministério Público e da Magistratura, pois admitia exceções à proibição do exercício de atividade político-partidária.

Por seu turno, a Lei Complementar n. 75, de 20.5.1993, em seu art. 18, apregoa que:

Art. 18. São prerrogativas dos membros do Ministério Público da União:

I — institucionais:

a) sentar-se no mesmo plano e imediatamente à direita dos juízes singulares ou presidentes dos órgãos judiciários perante os quais oficiem;

b) usar vestes talares;

c) ter ingresso e trânsito livres, em razão de serviço, em qualquer recinto público ou privado, respeitada a garantia constitucional da inviolabilidade do domicílio;

d) a prioridade em qualquer serviço de transporte ou comunicação, público ou privado, no Território Nacional, quando em serviço de caráter urgente;

e) o porte de arma, independentemente de autorização.

Já o art. 19 da mesma LC n. 75/93 preceitua:

Art. 19. O Procurador-Geral da República terá as mesmas honras e tratamento dos Ministros do Supremo Tribunal Federal; e os demais membros da Instituição, as que forem reservadas aos magistrados perante os quais oficiem.

Destarte, além das mesmas garantias, prerrogativas e vedações constitucionais, o membro do Ministério Público terá a mesma forma de tratamento dos membros da Magistratura, inclusive de assento no mesmo plano e à direita do órgão judiciário perante o qual funcionar.

1.2. Origens do Ministério Público Brasileiro

O Ministério Público Brasileiro tem suas raízes no direito lusitano, especificamente no Livro das Leis e Posturas, no qual há regras para atuação dos procuradores do rei nas causas penais, também nas Ordenações (*Afonsinas* de 1477, Livro I, Título VIII — "Do Procurador dos Nossos Feitos"[2]; Manuelinas de 1514, Título XI e XII, Livro I; Filipinas, Título XII, XIII, XV e XLIII, Livro I) vamos encontrar os seus esboços.

As Ordenações Manuelinas de 1521 preceituavam que o Promotor deveria ser alguém: "letrado e bem entendido para saber espertar e alegar as causas e razões, que para lume e clareza da justiça e para inteira conservaçon dela convém".

Em 7.3.1609, no regimento do Tribunal da Relação da Bahia, a atuação do Ministério Público estava assim disciplinada:

Art. 54. O Procurador dos Feitos da Coroa e Fazenda deve ser muito diligente, e saber particularmente de todas as cousas que tocarem à Coroa e Fazenda, para requerer nellas tudo o que fizer a bem de minha

---

(2) Cf. LEITE, Carlos Henrique Bezerra. *Ministério Público do Trabalho*. São Paulo: LTr, 1998, p. 28.

justiça; para o que será sempre presente a todas as audiências que fizer dos feitos da coroa e fazenda, por minhas Ordenações e extravagantes."

Art. 55. Servirá outrossim o dito Procurador da Coroa e dos feitos da Fazenda de Procurador do fisco e de Promotor de Justiça; e usará em todo o regimento, que por minhas Ordenações é dado ao Promotor de Justiça da Casa da Suplicação e ao Procurador do fisco.

A Constituição do Império (25.3.1824), em seu art. 48, preceituava: "No juízo dos crimes, cuja acusação não pertence à Câmara dos Deputados, acusará o procurador da Coroa e Soberania Nacional".

A primeira Constituição Republicana (24.2.1891), art. 58, § 2º, asseverava que a escolha do Procurador-Geral da República era atribuição do Presidente da República, que deveria fazê-la dentre os ministros do Supremo Tribunal Federal.

Foi a Constituição de 16.7.1934 que institucionalizou o Ministério Público, colocando-o no Capítulo VI, arts. 95 a 98 (Dos órgãos de cooperação nas atividades governamentais). Determinou que Lei Federal disciplinaria a organização do Ministério Público da União, do Distrito Federal e Territórios, sendo que o Ministério Público dos Estados seriam organizados por leis desses mesmos entes. Fixou a forma de escolha do Procurador-Geral da República, as garantias dos membros da instituição e os impedimentos.

A Carta Constitucional de 10.11.1937 (Getúlio Vargas) representou um retrocesso ao Ministério Público, pois o mencionou em artigos esparsos.

A Constituição de 1946 deu, novamente, destaque ao Ministério Público, prevendo-o em títulos próprios, estabelecendo concurso público para ingresso na carreira, as garantias de estabilidade e inamovibilidade.

A Lei n. 1.341, de 30.1.1951, criou o Ministério Público da União, integrado pelo Ministério Público Federal (art. 27), Militar (art. 52), Eleitoral (art. 72) e do Trabalho (art. 61).

A Constituição de 1964, com a Emenda n. 7, de 1977, dispôs que lei complementar, de iniciativa do Presidente da República, disciplinaria a organização do Ministério Público.

A Constituição Cidadã de 5.10.1988 deu a atual feição do Ministério Público, que é a mais democrática.

A novel Lei Maior reconheceu a necessidade de um Ministério Público forte e independente para a efetiva defesa do regime democrático, das liberdades públicas, dos interesses difusos e coletivos, do meio ambiente, do patrimônio público, e para dar efetivo combate aos crimes de colarinho branco, até então não apurados com o rigor que a sociedade exigia.

1.3. Origem da Expressão Ministério Público

A expressão Ministério Público tem origem na expressão francesa *Ministère Public*, que passou a ser usada com freqüência nos provimentos legislativos do século XVIII, tanto para designar as funções daquele ofício público, quanto para expressar um magistrado específico, incumbido do poder-dever de exercitá-lo, ou, ainda, para dizer respeito ao ofício[3].

Uma segunda explicação seria de que a expressão Ministério Público teria advindo da prática, na qual os procuradores falavam de seu próprio mister ou ministério (Mister Público)[4].

1.4. Ministério Público Brasileiro

No Brasil, o Ministério Público está dividido em dois ramos: 1) o Ministério Público da União; 2) o Ministério Público dos Estados.

O Ministério Público da União compreende o Ministério Público do Trabalho, o Ministério Público Federal, o Ministério Público Militar e o Ministério Público do Distrito Federal e Territórios.

O Ministério Público do Trabalho é composto pela Procuradoria-Geral do Trabalho (encarregada das questões de competência do TST), sediada em Brasília/DF, e pelas 24 (vinte e quatro) Procuradorias Regionais do Trabalho, que estão sediadas nas capitais dos Estados e atuam junto às Varas do Trabalho e seus respectivos Tribunais.

As atribuições do Ministério Público do Trabalho estão fixadas no art. 129 da CR/88, bem como na Lei Complementar n. 75/93.

A atuação do Ministério Público está vinculada à existência de interesse público, ou seja, interesse social que transcenda os limites da demanda das partes envolvidas; portanto, à defesa dos mais relevantes interesses de toda a sociedade, ainda que sua violação tenha sido causada pelo Poder Público.

---

(3) Cf. LEITE, Carlos Henrique Bezerra. Ob. cit., p. 26.
(4) *Idem, ibidem*, p. 27.

O Ministério Público do Trabalho pode exercer suas atividades como órgão interveniente (*custos legis*) ou como órgão agente, hipótese em que também poderá atuar como articulador social.

Como órgão interveniente, o Ministério Público do Trabalho atua como fiscal da lei, emitindo pareceres nos processos em que haja interesse público. Nesses casos, poderá requerer diligências, argüir nulidades e recorrer, quando entender necessário. Nesse passo, é bom que se diga que o Ministério Público não deve proferir pareceres enfeitados ou inócuos, devendo fixar a sua atenção na necessidade de controlar o fato social que lhe vem à mão, não ficando na periferia e superficialidade da ação meramente burocrática e, às vezes, inútil[5]. Sua atuação deve ser eficiente e dinâmica, sendo que, na medida do possível concisa.

Como órgão agente, o Ministério Público do Trabalho pode atuar fora do âmbito dos processos judiciais, instaurando inquéritos civis, celebrando acordos (Termo de Ajustamento de Conduta), bem como exercendo as funções de mediador e árbitro. Judicialmente, pode atuar ajuizando Ação Civil Pública, reclamação trabalhista, ação rescisória, ação anulatória, dissídio de greve, etc.

Poderá também atuar como articulador social, por meio de audiências públicas, fóruns, etc, sempre levantando a discussão dos problemas dos trabalhadores, mobilizando outras instituições, entidades, organizações e Governos, na busca de soluções democráticas dos problemas.

1.5. Ministério Público e Magistratura nos Diversos Países

Na Mensagem PGR/GAB/N. 02/2002, de 28 de maio de 2002, dirigida ao Presidente da Câmara dos Deputados, referente ao Projeto de Lei dispondo sobre as novas bases de remuneração dos Membros do Ministério Público da União, o ilustre *Geraldo Brindeiro*, então Procurador-Geral da República, faz um minucioso estudo comparando o Ministério Público e a Magistratura em alguns países, conforme segue:

I) Em Portugal: "A magistratura do Ministério Público é paralela à magistratura judicial e dela independente" (art. 75, item 1 da Lei n. 60/98 — Estatuto do Ministério Público).

---

(5) Cf. SIQUEIRA NETTO, Carlos. "Ministério Público — uma nova estratégia para seu aperfeiçoamento". *Justitia, 99:189.*

II) Na Espanha, a Lei n. 50, de 30 de dezembro de 1981 — Estatuto Orgânico do Ministério Público, em seus arts. 52 e 53, estabelece a equivalência entre as duas instituições:

Artículo 52.

Los miembros Del Ministerio Fiscal gozarán de los permisos y licencias, y del régimen de recompensas, que reglamentariamente se establezcan, inspirados unos y otros en lo dispuesto para Jueces y Magistrados por la Ley Orgánica del Poder Judicial.

Artículo 53.

El régimen retributivo de los miembros del Ministerio Fiscal se regirá por Ley y estarán equiparados en retribuciones a los miembros de la Carrera Judicial.

III) Na Itália, da mesma forma, existe a unidade entre as duas carreiras, sendo o membro do Ministério Público chamado de magistrado *inquirente* e o correspondente a juiz do Brasil é chamado de magistrado *giudicante*.

Quanto ao Ministério Público na Itália, o ilustre *Geraldo Brindeiro* lembra a citação do substituto do Procurador Nacional Antimáfia, *Giuliano Turone*, *verbis*:

(...) em Itália a independência do MP está fortemente salvaguardada pela unidade entre as carreiras julgadora (*giudicante*) e investigadora (*inquirente*); enquanto a carreira se mantiver unitária, enquanto juízes e MP forem governados por um mesmo Conselho Superior da Magistratura, qualquer ameaça potencial à independência do MP poderá ser neutralizada, porque os valores e a cultura da independência do juiz — e as correspondentes garantias — tenderão natural e automaticamente a proteger de maneira adequada também a independência do MP.[6]

IV) Na Alemanha, no tocante à natureza jurídica do Ministério Público, existe consenso na doutrina de que o mesmo é "um órgão da tutela penal equiparado aos tribunais, a quem cabe a persecução penal e a co-participação no processo penal"[7], conforme estabelece a Lei de Organização Judiciária alemã. Existindo, assim, equivalência entre o Ministério Público e a Magistratura.

---

(6) Comunicação apresentada no Encontro Internacional de Magistrados organizado pelo Sindicato dos Magistrados do Ministério Público de 12 a 14 de Maio no Porto, subordinado ao tema "O Ministério Público e o processo penal: estrutura e limites da intervenção hierárquica". Tradução de Eduardo Maia Costa — www.smmp.pt
(7) Kleinknecht/Meyer-Gossnerr.StPO mit GVG, GVG vor § 141 RR dn.8-9, pp. 1.709-1.710.

V) Na França, há a magistratura sentada e a magistratura em pé, esta equivalente ao Ministério Público brasileiro[8].

Na mensagem enviada ao Congresso Nacional pelo ilustre *Geraldo Brindeiro*, acima citada, foi asseverado que:

> A tendência européia quanto à equivalência dos membros do Poder Judiciário e do Ministério Público é demonstrada na Declaração de Princípios sobre o Ministério Público (adotada em Nápoles, 2 de março 1996) feita pelos Magistrados Europeus pela Democracia e Liberdade — MEDEL (...)

Conclui seu raciocínio transcrevendo trecho da citada declaração, *verbis*:

> IV. Estatuto
>
> Os membros do Ministério Público são necessariamente magistrados, integrados a um corpo judiciário único, onde constituem uma magistratura distinta, a qual terá um estatuto, direitos e garantias equivalentes àqueles dos juízes. (IV. STATUT PERSONNEL. Les membres du MP sont nécessairement des magistrats, intégrés dans un corps judiciaire unique, ou constituant une magistrature distincte, laquelle aura un statut, des droits et des garanties équivalents à ceux des juges.)

Sendo assim, a conclusão inexorável é de que existe uma tendência de equivalência entre os membros do Ministério Público e do Poder Judiciário, com iguais direitos e garantias, sendo que o membro do Ministério Público seria um magistrado *inquirente*, já o Juiz seria o magistrado *giudicante*.

1.6. A Ação Civil Pública e o atual perfil do Parquet

A ação civil pública foi disciplinada pela Lei n. 7.347, de 25.7.1985, causando grande impacto na vida política-social do país[9].

Inicialmente, a ação civil pública foi introduzida visando às lides de meio ambiente, consumidor, bens e direitos de valor artístico, estético, histórico, turístico e paisagístico e a qualquer outro interesse difuso ou coletivo.

Desde logo, tornou-se um instrumento processual poderoso na tutela de interesses e direitos transindividuais, isto é, convergentes e incidentes sobre um mesmo bem, de natureza indivisível e com pluralidade de sujeitos.

---

(8) Cf. José Saulo Pereira Ramos, advogado, ex-ministro da Justiça (governo José Sarney), artigo "Judiciário e o acesso de tosse", publicado no *Jornal Folha de São Paulo*, edição de 12.10.2003 (edição n. 27.220 — ano 83), p. A3.

A ação civil pública rompeu com a tradição individualista do processo civil, implementando um processo coletivo, que não pode ser analisado sob as mesmas regras daquele.

Comungamos do pensamento do ilustre *Ronaldo Porto Macedo Júnior*[10] no sentido de que a Lei da Ação Civil Pública é episódio incomum e talvez involuntário de nosso Congresso, vez que além de norma bem elaborada, foi voltada a órgão bem estruturado, de modo a torná-la eficaz.

Com o advento da Lei da Ação Civil Pública, ficou mais nítida a divisão do interesse público primário (que pode ser tutelado via ação civil pública), do interesse público secundário, que deve ser defendido pelo ente público.

Nas palavras de *Cândido Rangel Dinamarco*[11]:

"(...) a ação civil pública objetiva sempre a tutela do interesse público, entendido aqui como aquele pertinente aos valores transcendentais de toda a sociedade e não do Estado, enquanto estrutura político-administrativa. Ponha-se em destaque: e não do Estado como estrutura político-administrativa."

O mesmo autor, em nota de rodapé, complementa:

"Referindo doutrina anterior, *Milaré* invoca a distinção entre interesse público primário e secundário, mostrando que só àqueles diz respeito a Instituição do Ministério Público. O interesse secundário é o da administração ('é o interesse que a Administração Pública tem de perseguir, as finalidades que a lei lhe atribui como a qualquer outra pessoa')."

Diante disso, a ação civil pública é o instrumento próprio para a defesa dos interesses sociais, interesses coletivos *lato sensu* que, segundo os ensinamentos do ilustre *Miguel Reale*[12], "compõem uma díade incindível", enquanto bens pertencentes a toda comunidade, "a todos e a cada um, como um bem comum, não individualizável, isto é, sem haver possibilidade de distinção formal individualizadora em termos de direitos subjetivos ou situações jurídicas subjetivas".[13]

---

(9) Cf. FERRAZ, Antonio Augusto Mello de Camargo. *In Ação Civil Pública, Inquérito Civil e Ministério Público. Ação Civil Pública — Lei n. 7.347/1985 — 15 anos.* São Paulo: RT, 2001, p. 84.
(10) *Ministério Público Brasileiro: Um Novo Ator Político.* Ministério Público II — Democracia. São Paulo: Atlas, 1999, p. 107.
(11) Cf. *Fundamentos do Processo Civil Moderno,* I, 4ª ed., São Paulo: Malheiros, 2001, p. 413.
(12) *Questões de Direito Público.* São Paulo: Saraiva, 1997, p. 132.
(13) Cf. ILMAR GALVÃO, *in* "Ação Civil Pública e o Ministério Público". Publicado no *Jornal Síntese* n. 40 — jun./2000, p. 3.

O Constituinte de 1988, captando o grande incremento da tutela coletiva originado pela Lei da Ação Civil Pública, deu grande ênfase ao Ministério Público, incluindo entre suas atribuições o exercício da Ação Civil Pública (inciso III, art. 129).

A mesma Lei Maior, na esfera cível, fixou o atual perfil do Ministério Público, que já vinha sendo forjado há algum tempo. Deu-se destaque à atuação do Órgão Agente, especificamente na tutela dos interesses difusos e coletivos, ficando clara a necessidade de rever o modo de atuação do Órgão Interveniente, à medida que faz intervenções *custos legis* em processos de natureza eminentemente individual e privada.

Segundo nos informa o ilustre *Ronaldo Porto Macedo Júnior* (obra citada, p. 106):

"Diferentemente da maioria dos Ministérios Públicos ocidentais e, em particular, de seus congêneres latino-americanos, o Ministério Público brasileiro assumiu um papel de destaque na defesa dos interesses públicos, difusos e coletivos relacionados à defesa do idoso, da criança e do adolescente, do meio ambiente, consumidor, pessoa portadora de deficiência, prevenção de acidentes do trabalho, patrimônio público, direitos da cidadania (direitos humanos, saúde, educação) urbanismo e ainda todo e qualquer outro interesse difuso ou coletivo que envolva algum interesse social.

(...)

O novo perfil institucional traçado pela Constituição Federal de 1988 e as novas funções na tutela dos interesses sociais de natureza transindividual firmaram o novo perfil do Ministério Público enquanto órgão agente, tornando cada vez mais evidente o anacronismo de certas formas de intervenção como *custos legis* em processos de natureza eminentemente individual e privada. Fortalecia-se, assim, a nova identidade do Ministério Público brasileiro enquanto instituição voltada para a tutela dos interesses sociais, uma espécie de *ombudsman* não eleito da sociedade brasileira."

Não é discrepante o posicionamento de *Antonio Augusto Mello de Camargo Ferraz* e *João Lopes Guimarães Júnior*[14] que asseveram:

---

(14) Cf. *A Necessária Elaboração de Uma Nova Doutrina de Ministério Público, Compatível com seu Atual Perfil Constitucional, Ministério Público — Instituição e Processo*. São Paulo: Atlas, 1999, p. 22.

"Não foi por acaso que o constituinte traçou claramente para o Ministério Público o perfil de órgão agente, promotor de medidas, ao empregar nos quatro primeiros incisos do art. 129 (que estabelece as funções institucionais) o verbo promover. Daí deflui que o papel primordial da Instituição é o de ser verdadeira alavanca, a movimentar o Judiciário, pugnando pelos interesses maiores da sociedade amparados pelo ordenamento jurídico."

A assunção do papel de órgão agente implica não só na defesa da ordem jurídica e da sociedade, mas na busca de soluções para os problemas que atingem essa mesma sociedade.

Nessa linha de raciocínio, não há sentido em intervenção do Ministério Público, como *custos legis*, nas ações mandamentais de caráter tributário, até mesmo em algumas ações rescisórias ou numa ação de usucapião. Nesses casos, a atuação do Ministério Público dificilmente terá alguma importância ou novidade no deslinde da causa.

Na seara trabalhista é de se ressaltar a inutilidade da intervenção do Ministério Público nos dissídios coletivos em serviços não essenciais; a intervenção *custos legis* acaba tendo apenas um caráter "ilustrativo", uma vez que o Poder Normativo[15] é conferido ao Tribunal do Trabalho, sendo que a atuação do *Parquet* deveria ficar restrita aos casos de serviços essenciais.

Também entendemos desnecessária a intervenção do Ministério Público do Trabalho nas ações mandamentais para defesa do patrimônio do empregador, por exemplo, mandado de segurança para impedir a penhora na "boca do caixa", dos valores existentes na conta corrente, etc.

Igualmente dispensável seria a intervenção fundamentada nos casos de ações rescisórias que são utilizadas como forma de novos recursos, já que bastaria uma simples manifestação "pelo prosseguimento do feito".

Destarte, é preciso rever as normas que determinam a intervenção do Ministério Público nos casos de interesses individuais e indisponíveis; assim, mais uma vez, transcreveremos os ensinamentos de *Antonio Augusto Mello de Camargo Ferraz* e *João Lopes Guimarães Júnior*[16]:

---

(15) Poder normativo esse que, depois da Emenda Constitucional n. 45, ficou muito restrito — veja-se o atual § 2 , art. 114, da Lei maior.
(16) Cf. *A Necessária Elaboração de Uma Nova Doutrina de Ministério Público, Compatível com seu Atual Perfil Constitucional, Ministério Público — Instituição e Processo*. São Paulo: Atlas, 1999, p. 28.

"É preciso assumir uma posição clara neste momento acerca dessa legislação, pois a função interveniente que ela consagra, além de não prevista expressamente na Constituição Federal (embora compatível, em princípio, com o perfil institucional), pode apresentar os seguintes inconvenientes: a) pouca abrangência de sua atuação (limitada aos interesses das partes do processo); b) atuação predominante perante parcelas mais favorecidas da população (que são as que acorrem mais freqüentemente ao Judiciário); c) zelo por interesses individuais disponíveis, em muitos casos; d) posição de passividade, pela falta de domínio sobre as questões postas em Juízo; e) risco de despersonalização pela assunção de postura diversa daquela indicada de forma preponderante pela Constituição."

A Lei n. 8.078, de 11.9.1990 — Código de Defesa do Consumidor (CDC), reforçou o instituto da ação civil pública, disciplinando-a não só na defesa do interesse difuso, mas também no coletivo e individual homogêneo (nova redação ao art. 21 da Lei da Ação Civil Pública).

O Código de Defesa do Consumidor (CDC), pelo menos quando de sua edição, foi um bom instrumento para delinear o que seriam os interesses metaindividuais.

Efetivamente, previu o parágrafo único do art. 81, CDC:

"I — interesses ou direitos difusos, assim entendidos, para efeitos deste Código, os transindividuais, de natureza indivisível, de que sejam titulares pessoas indeterminadas e ligadas por circunstâncias de fato;

II — interesses ou direitos coletivos, assim entendidos, para efeitos deste Código, os transindividuais de natureza indivisível de que seja titular grupo, categoria ou classe de pessoas ligadas entre si ou com a parte contrária por uma relação jurídica base;

III — interesses ou direitos individuais homogêneos, assim entendidos os decorrentes de origem comum."

Naquele momento histórico, apesar de todos os inconvenientes da lei estabelecer certos conceitos, ficou mais fácil o encaminhamento da questão.

O ilustre *Ilmar Galvão*[17], baseando-se na norma legal, asseverou:

"Os direitos e interesses difusos, que têm em comum com os coletivos a circunstância de serem indivisíveis, distinguem-se desses quanto à titularidade material (indeterminada, naqueles,

---

(17) "Ação Civil Pública e o Ministério Público". *Publicado no Jornal Síntese* n. 40 — jun./2000, p. 3.

e determinada, nesses) e quanto ao fundamento (circunstância de fato, no primeiro caso, e relação jurídica-base a vincular os seus titulares, uns relativamente aos outros, ou todos relativamente à parte contrária, no segundo). Ambos dizem respeito a uma multiplicidade de sujeitos com interesses justapostos."

Portanto, para sabermos se estamos diante de interesses difusos, coletivos ou individuais homogêneos, devemos analisar se os seus titulares são determináveis ou indetermináveis, se há uma relação de fato ou de direito ligando-os.

Se o objeto é indivisível, os titulares são indetermináveis e não há liame entre eles e a parte contrária, estaremos diante de interesses difusos.

Já nos interesses coletivos, o objeto também é indivisível, os titulares podem ser determinados e estão ligados entre si ou com a parte contrária por uma relação jurídica base.

Finalmente, nos interesses individuais homogêneos, os titulares são identificáveis, o objeto é divisível e têm a origem comum.

Tomando-se por base as disposições constantes no art. 127 e seguintes da Constituição da República de 1988, percebemos que o Ministério Público tem legitimidade para promover ação civil pública nos casos dos interesses difusos e coletivos. Já nos casos de interesses individuais homogêneos, sua legitimidade deve ser mitigada, adotando-se como referência o princípio de que ao Ministério Público cabe a defesa da ordem jurídica, do regime democrático e dos interesses sociais e individuais indisponíveis, para que não ocorra um desvio da função do *Parquet*.

Realmente, apesar do Ministério Público possuir atribuições para atuar nas hipóteses de lesões a interesses individuais homogêneos, nesses casos, sua atuação só restaria justificada quando, pela amplitude da lesão, houvesse conveniência para a coletividade como um todo.

Não é outro o posicionamento do mestre *Hugo Nigro Mazzili*, que em sua obra *Regime Jurídico do Ministério Público*. 3ª ed. São Paulo: Saraiva, 1996, p. 229/230, assim se manifesta:

> "Também cabe ao Ministério Público defender os interesses individuais homogêneos, desde que isto convenha de alguma forma à coletividade como um todo.
>
> A propósito da atuação do Ministério Público em defesa de interesses individuais homogêneos, vale invocar a Súmula n. 7, do CSMP/SP, que encampa nossa tese: 'O Ministério Público está

legitimado à defesa de interesses individuais homogêneos que tenham expressão para a coletividade, como: a) os que digam respeito à saúde ou à segurança das pessoas, ou ao acesso das crianças e adolescentes à educação; b) aqueles em que haja extraordinária dispersão dos lesados; c) quando convenha à coletividade o zelo pelo funcionamento de um sistema econômico, social ou jurídico."

Sendo assim, nos casos mencionados, o Ministério Público pode e deve assumir a defesa da sociedade.

Desta forma, após a edição da Lei da Ação Civil Pública, o Ministério Público consolidou-se como uma das mais importantes instituições jurídicas do país.

A identidade e o perfil do Ministério Público sofreram uma grande transformação, pois até o início da década de 80 o seu papel era, basicamente, *custos legis* e atribuições criminais. Essa característica passou a ser alterada após o advento da Lei n. 6.938, de 31.8.1981 — política nacional do meio ambiente — art. 14, que atribuiu um papel de "órgão agente" ao *Parquet*.

Por meio da Lei da Ação Civil Pública e com o advento da CR/88; houve uma completa reengenharia na atuação do Ministério Público, principalmente na área cível, na qual a função órgão agente tem papel preponderante. O *Parquet* passou a ser o verdadeiro advogado da sociedade, em muitos aspectos de maneira muito parecida com o *ombudsman* escandinavo.[18]

Esse novo papel está sendo construído dia-a-dia, pois, ao dar ênfase ao órgão agente, o Ministério Público mexe em feridas antigas do país, problemas sociais graves — que nunca foram atacados — são escancarados para que a sociedade saiba o que efetivamente acontece.

É lógico que esse posicionamento não é admirado nem aceito por todos os setores da sociedade, principalmente no meio político, já que as velhas raposas da política são os principais alvos do Ministério Público.

Efetivamente, os principais alvos do Ministério Público nas ações civis públicas são administradores públicos ou grandes empresários que acabam tendo alguma ligação com aqueles. Assim procedendo, o

---

(18) Cf. MACEDO JÚNIOR, Ronaldo Porto. "O Quarto Poder e o Terceiro Setor. O Ministério Público e as Organizações Não Governamentais sem Fins Lucrativos — Estratégias para o Futuro". *Ministério Público II — Democracia*. São Paulo: Atlas, 1999, p. 254.

Parquet acaba, de modo indireto, interferindo nas políticas públicas. A propósito, vejamos as palavras do ilustre *Ronaldo Porto Macedo Júnior* (obra citada, p. 255):

"São freqüentes as ações propostas pelo Ministério Público contra o próprio Estado, demandando a efetivação de direitos sociais, implementação de políticas de amparo à criança, educação, meio ambiente, consumidor, defesa de minorias etc. Em outras palavras, o Ministério Público brasileiro tornou-se uma das principais ferramentas na implementação do Direito Social, cuja natureza conflitual envolve diretamente a definição de políticas públicas."

Nas palavras de *Antonio Augusto Mello de Camargo Ferraz* e *João Lopes Guimarães Júnior*[19]:

"Acompanhar a evolução do Direito e as mudanças sociais e conhecer a realidade brasileira — marcada pela pobreza e pelas desigualdades sociais — são pressupostos para a compreensão do atual papel político do Ministério Público, pois assim como 'não se organiza uma Justiça para uma sociedade abstrata, e sim para um país de determinadas características sociais, políticas, econômicas e culturais', da mesma forma não se pode conceber um Ministério Público desvinculado dos problemas nacionais."

Destarte, o Ministério Público tem papel fundamental na distribuição da justiça, principalmente do Direito Social, especialmente para que os direitos especiais e privilégios sejam distribuídos de acordo com sistemas políticos de pesos e contrapesos, ou seja, sua atuação, apesar de ser voltada às áreas de interesse de toda a sociedade, deve enfatizar os interesses dos excluídos, daquela parcela que não consegue acesso à Justiça, principalmente nas causas que garantam uma melhor qualidade de vida a esses excluídos.

É certo que o Ministério Público enfrenta resistência dentro de seu próprio corpo, tanto na sua cúpula, que nunca foi acostumada com essa postura de órgão agente, que prefere a comodidade do órgão interveniente — nos gabinetes com ar condicionado, como também de alguns novos membros; todavia, devemos reconhecer que, felizmente, são poucos os membros que ainda não assimilaram esse novo papel do *Parquet* — órgão agente — futuro da Instituição.

---

(19) Cf. "A Necessária Elaboração de Uma Nova Doutrina de Ministério Público, Compatível com seu Atual Perfil Constitucional". *Ministério Público — Instituição e Processo*. São Paulo: Atlas, 1999, p. 33.

Oxalá, essa postura seja modificada para que o Ministério Público possa desempenhar o seu papel em benefício da sociedade brasileira.

1.7. Estrutura Inconstitucional do Ministério Público do Trabalho

O ilustre colega *Ricardo Tadeu Marques da Fonseca*, Procurador Regional do Trabalho lotado na PRT da 9ª Região, em suas palestras, costuma apregoar a estrutura inconstitucional do Ministério Público do Trabalho, na medida em que é o único ramo do Ministério Público que não está, de modo efetivo e real, na primeira instância.

Conforme já dito acima, o Ministério Público do Trabalho está estruturado da seguinte forma: Procuradoria Geral do Trabalho, com sede em Brasília/DF, 24 (vinte e quatro) Procuradorias Regionais instaladas nas capitais dos Estados, 4 (quatro) ofícios instalados: um em Bauru (PRT15), o primeiro a ser instalado (novembro/2001), outro em Maringá, um em Palmas/TO e o último em Uberlândia.

Atualmente, o Ministério Público do Trabalho conta com 468 Membros e 1.372 servidores para atender suas atribuições por todo o país.

A estrutura inconstitucional do Ministério Público do Trabalho é evidenciada pela inexistência de Procuradorias Regionais do Trabalho nos Estados de Tocantins, Roraima e Acre.

A proliferação dos ofícios do Ministério Público do Trabalho pelo interior do país representaria a observância dos preceitos constitucionais que determinam ao Ministério Público a defesa da ordem jurídica, do regime democrático e dos interesses sociais e individuais indisponíveis. Indubitavelmente, essa defesa só existirá de modo efetivo quando o *Parquet Laboral* estiver atuando em primeira instância, seja como Órgão Agente, seja como fiscal da lei, aproximando-se do seu público alvo (cidadãos, sindicatos, empresas, etc.), o que em muito contribuiria para uma resposta rápida e eficaz aos anseios da sociedade brasileira.

Atualmente, para dar cabo de sua função institucional, a atuação do Ministério Público do Trabalho se dá à distância, promovendo seus inquéritos a centenas de quilômetros de onde o fato realmente ocorre. No caso da PRT15, existem empresas investigadas cuja sede dista mais de 600 quilômetros da sede da Procuradoria. Isso prejudica a investigação e representa *tábula rasa* da norma constitucional.

Como exigir que uma testemunha ou mesmo um investigado se desloque por mais de 600 quilômetros para comparecer à sede do Ministério Público do Trabalho? Isso é um acinte à sociedade brasileira.

Além disso, a existência de poucos "Ofícios" pelo interior do país, cria um paradoxo. No caso da Procuradoria Regional do Trabalho da

15ª Região (Campinas) e de seu Ofício em Bauru, existem inúmeros investigados que passam por aquela cidade para chegarem à sede da PRT, o que é um despropósito.

Apesar de sua estrutura inconstitucional e aquém das reais necessidades do país, ainda assim, as estatísticas mostram que o Ministério Público do Trabalho, de longe, é o ramo mais atuante do Ministério Público brasileiro, veja-se o quadro[20]:

ANOS	PI RECEBIDAS	PI ANDAMENTO	IC INSTAURADOS	IC ARQ
2001	1883	1588	296	257
2002	2192	2174	396	371

IC ANDAMENTO	ACPS AJUIZADAS	TACS	AUDIÊNCIAS NA PRT	DILIGÊNCIAS
380	87	479	1264	362
444	156	645	2061	274

* PI = PEÇA DE INFORMAÇÃO
IC = INQUÉRITO CIVIL
ACPs = AÇÕES CIVIS PÚBLICAS
TACs = Termos de Compromisso de Ajustamento de Conduta
PRT = Procuradoria Regional do Trabalho

Os números do Ofício do Ministério Público do Trabalho em Bauru demonstram a existência de uma enorme demanda reprimida, conforme segue:

ANO	PI RECEBIDAS	PI ANDAMENTO	IC INSTAURADOS	IC ARQUIVADOS
2002	354	415	11	19

IC ANDAMENTO	ACPS AJUIZADAS	TACS	AUDIÊNCIAS NA PRT	DILIGÊNCIAS
24	35	49	153	42

* Utilizamos as mesmas abreviaturas acima.

---

(20) Elaborado com base em dados estatísticos constantes do *site* www.prt15.gov.br

No âmbito nacional, temos o seguinte quadro[21]:

ANO	Procedimentos Investigatórios	Inquéritos Civis Públicos	Termos de Compromisso	Ações Civis Públicas
1997	5980	731	1080	435
1998	*	*	*	*
1999	8407	878	2392	1028
2000	9555	3232	3643	1357
2001	12750	1953	4980	1029

* Dados não totalizados quanto à atuação nacional no relatório.

Desses números, percebe-se um aumento substancial, ano após ano, nas atividades do *Parquet* Laboral. Além disso, nota-se que o inquérito civil é um poderoso instrumento para a pacificação social, colaborando para desafogar o Poder Judiciário, uma vez que está aumentando o número de procedimentos que terminam com assinatura de termo de compromisso e, no ano de 2001, reduziu-se o número de ações civis públicas.

No âmbito do Ministério Público da União, a distorção das verbas destinadas a cada ramo é gritante.

Nosso ilustre colega *Rodrigo de Lacerda Carelli*, ob. cit., p. 147, fez um minucioso estudo sobre a distribuição do orçamento do MPU, conforme segue:

	2000	2001	2002	2003
34101 Ministério Público Federal	406.522,90	545.064,20	528.129,10	921.107,20
34102 Ministério Público Militar	44.212,00	46.415,90	47.995,40	65.529,80
34103 Ministério Público do DF e T.	94.217,60	109.107,20	129.428,80	156.282,20
34104 Ministério Público do Trabalho	207.754,60	232.923,00	239.344,70	292.162,10
34105 Escola Sup. do MPU	79,50	678,10	3.088,30	3.122,60

* Fonte: Senado Federal, www.senado.gov.br

---

(21) Quadro elaborado pelo Procurador do Trabalho CARELLI, Rodrigo de Lacerda. "O Ministério Público do Trabalho após a Lei Complementar n. 75/95", *Boletim Científico — Escola Superior do Ministério Público da União*. Brasília: ESMPU, Ano II, n. 7, abr./jun., 2003, p. 145.

São conclusões do articulista:

"Do quadro acima, podemos tirar alguns números que impressionam. Dos ramos do Ministério Público da União, o Ministério Público do Trabalho teve o menor aumento no orçamento durante esses anos, tendo aumento nominal de 40% (quarenta por cento), enquanto que o Ministério Público Militar teve a mesma porcentagem, o Ministério Público do Distrito Federal e Territórios teve acrescido em 65 (sessenta e cinco por cento), e o Ministério Público Federal, cujo chefe é também o chefe do Ministério Público da União, teve um aumento de 126% (cento e vinte e seis por cento).

Isso significa que a participação do Ministério Público do Trabalho só diminuiu, enquanto o Ministério Público Federal teve aumentada sua participação no bolo. Observemos a participação de cada ramo no orçamento do Ministério Público da União.

ANO	MPT	MPF	MPDF	MPM
2000	27,5%	54%	12,5%	5,8%
2001	25%	58%	11,6%	5,0%
2002	25%	55,7%	13,6%	5,0%
2003	20,3%	64%	10,8%	4,5%

Verifica-se que a participação do Ministério Público Federal vem crescendo, enquanto todos os demais ramos estão vendo suas verbas orçamentárias diminuírem."

Esse quadro de distribuição de recursos, somado à estrutura inconstitucional do Ministério Público do Trabalho, acaba prejudicando, em muito, a sua atuação institucional, contribuindo para o aumento dos conflitos entre o Capital e Trabalho, cujos exemplos são vistos por todos: trabalho escravo, cooperativas fraudulentas, ambientes de trabalho insalubres e perigosos, trabalho de crianças e adolescentes, informalidade crescente, etc.

Fato que passa desapercebido pelos empresários é que essa estrutura inconstitucional do Ministério Público do Trabalho também contribui para a existência de uma concorrência desleal entre os mesmos, uma vez que, na medida em que uma determinada empresa não respeita as garantias mínimas dos seus empregados, é claro que os preços de seus produtos serão inferiores aos de seus concorrentes que respeitam a legislação trabalhista.

Sabemos que não é diferente a situação da Justiça do Trabalho, no que se refere a distribuição dos recursos federais, a qual, apesar de ser a mais procurada pelos cidadãos brasileiros, ainda assim, proporcionalmente ao número de feitos, é a que menos recursos recebe.

Apesar de todas as críticas que fazem à Justiça Obreira, o quadro abaixo demonstra o quanto ela é atuante.

Justiças Comum, Federal e do Trabalho de 1º Grau
Processos entrados e julgados nos anos de 1990 a 2001

JUSTIÇA	ANO 1990		ANO 1991		ANO 1992	
	ENTR	JULG	ENTR	JULG	ENTR	JULG
COMUM	3.617.064	2.411.847	4.250.133	2.947.177	4.560.833	3.214.948
FEDERAL	266.585	172.068	724.129	271.740	554.382	422.981
TRABALHO	1.233.410	1.053.237	1.496.829	1.263.492	1.517.916	1.337.986
TOTAL	5.117.059	3.637.152	6.471.091	4.482.409	6.633.131	4.975.915

JUSTIÇA	ANO 1993		ANO 1994		ANO 1995	
	ENTR	JULG	ENTR	JULG	ENTR	JULG
COMUM	4.419.699	3.423.403	4.266.325	2.970.509	2.533.619	3.347.725
FEDERAL	535.438	528.172	641.450	345.606	410.013	328.733
TRABALHO	1.535.601	1.204.654	1.823.437	1.702.931	1.676.186	1.507.955
TOTAL	6.490.738	5.156.229	6.731.212	5.019.046	4.619.818	5.184.413

JUSTIÇA	ANO 1996		ANO 1997		ANO 1998	
	ENTR	JULG	ENTR	JULG	ENTR	JULG
COMUM	5.901.824	4.106.962	6.964.506	5.472.489	7.719.169	5.188.146
FEDERAL	680.776	377.562	901.489	413.272	838.643	494.493
TRABALHO	1.939.267	1.863.003	1.981.562	1.922.367	1.933.993	1.904.062
TOTAL	8.521.867	6.347.527	9.847.557	7.808.128	10.491.805	7.586.701

JUSTIÇA	ANO 1999		ANO 2000		ANO 2001	
	ENTR	JULG	ENTR	JULG	ENTR	JULG
COMUM	8.717.300	5.791.959	9.463.246	6.164.532	9.153.672	7.908.303
FEDERAL	1.079.158	552.990	1.097.964	593.961	1.002.095	584.818
TRABALHO	1.876.874	1.918.960	1.718.795	1.893.326	1.742.571	1.800.015
TOTAL	11.673.332	8.263.909	12.280.005	8.651.819	11.898.338	10.293.136

Informações contidas no *site*: http://www.stf.gov.br/bndpj/movimento/Movimento6B.asp.

Diante desses números, e apesar de todas as dificuldades, percebe-se que o Ministério Público do Trabalho, seja no Órgão Agente, seja no Órgão Interveniente, é o ramo mais atuante do Ministério Público brasileiro.

Ressalte-se que, para contornar o problema da falta de meios materiais, o Ministério Público pode utilizar-se da disposição contida no art. 8º, da LC n. 75/93, ou seja, requisitar da Administração Pública serviços temporários de seus servidores e meios materiais necessários para a realização de atividades específicas. Contudo, no atual estágio da globalização e de políticas neoliberais, que levaram ao sucateamento da "máquina" da administração pública, esse poder deve ser usado de forma comedida.

Finalmente, a estrutura inconstitucional do Ministério Público reflete uma conduta omissiva das autoridades constituídas, que poderia ensejar a utilização do remédio constitucional previsto no inciso LXXI, art. 5º, da Lei Maior, ou seja, o mandado de injunção, pois a falta de norma regulamentadora torna inviável o exercício de direitos e liberdades constitucionais e de prerrogativas inerentes à cidadania, vez que o Ministério Público do Trabalho não pode atuar na forma definida pelo Poder Constituinte.

Capítulo 2

INQUÉRITO CIVIL

2.1. Origens do Inquérito Civil e sua Evolução Histórica

Em palestra proferida no Grupo de Estudos de Ourinhos do Ministério Público do Estado de São Paulo, em 21 de junho de 1980, denominada "A tutela jurisdicional dos interesses difusos e o Ministério Público como operador social", o Dr. *José Fernando da Silva Lopes*, à época 4º Promotor de Justiça de Bauru, asseverou que:

> "Como órgão do Estado, o Ministério Público, a exemplo do que ocorre com o trabalho desenvolvido pela polícia judiciária através do inquérito policial, poderá valer-se dos organismos da administração para realizar atividades investigativas preparatórias — inquérito civil — muitas vezes indispensáveis para recolher suficientes elementos de prova."[1]

Na mesma palestra, defendeu-se que o Ministério Público deveria ter poder de "requisição, acompanhamento e controle" nesse inquérito civil.[2]

Aproveitando essa idéia, *Antonio Augusto Mello de Camargo Ferraz, Édis Milaré* e *Nelson Nery Junior*[3], no XI Seminário Anual de Grupos de Estudos do Ministério Público de São Paulo, em dezembro de 1983, São Lourenço-MG, apresentaram trabalho no qual defendiam que a condução do inquérito civil deveria ficar a cargo do próprio Ministério Público, e não a outros organismos da administração, conforme defendido na idéia original.

O anteprojeto desses autores serviu de base para a Lei n. 7.347, de 24.7.1985, que introduziu em nosso ordenamento jurídico a figura do inquérito civil.

---

(1) Cf. CAMARGO FERRAZ, Antonio Augusto Mello de. *Inquérito civil: dez anos de um instrumento de cidadania, Ação civil pública, coordenação por Édis Milaré*. São Paulo: RT, p. 62.
(2) Cf. MAZZILLI, Hugo Nigro. *O Inquérito Civil*. São Paulo: Saraiva, 1999, p. 42.
(3) Ob. cit., p. 218.

Conforme nos ensina o ilustre *Hugo Nigro Mazzilli*[4], o Inquérito Civil teve inspiração no Inquérito Policial.

Apesar da grande influência do inquérito policial na criação desse novo instrumento, ele foi erigido como meio de colheita de elementos para eventual propositura de ação civil pública à disposição do Ministério Público, que ficou como único responsável pela sua condução, ao contrário do inquérito policial, sendo que o controle do seu arquivamento estaria sujeito ao crivo da cúpula da própria instituição, por meio do Conselho Superior do Ministério Público.

Lamentavelmente, o ilustre autor *Paulo Affonso Leme Machado*, na conhecida obra *Direito Ambiental Brasileiro*, 10ª ed. São Paulo: Malheiros, 2002, p. 338 e seguintes, em diversas oportunidades, não reconhece o inquérito civil como um instrumento atribuído ao Ministério Público do Trabalho. São palavras do autor: "O inquérito civil constitui procedimento administrativo exclusivo do Ministério Público Federal ou do Ministério Público Estadual".

Como se vê, o citado doutrinador incide no mesmo equívoco que muitos outros operadores do Direito, pois, conforme já dito no início deste trabalho, de acordo com o art. 128 da Constituição da República, o Ministério Público da União é formado pelo Ministério Público do Trabalho, Ministério Público Militar, Ministério Público do Distrito Federal e Territórios e Ministério Público Federal, e não exclusivamente por este último.

Assim, o inquérito civil é um instrumento à disposição do Ministério Público da União e do Ministério Público Estadual.

O ilustre *Hugo Nigro Mazzilli*[5] preceitua que mesmo antes da criação formal do inquérito civil, o Ministério Público já podia promover investigações, uma vez que a Lei Complementar n. 40/81 (antiga Lei Orgânica Nacional do Ministério Público) colocava à disposição do *Parquet* o poder de promover diligências, efetuar requisições e expedir notificações.

Portanto, a Lei n. 7.347/85, formatou esses poderes dentro de um instrumento, que é o procedimento do inquérito civil.

A título de conhecimento histórico, devemos ressaltar que no âmbito do Ministério Público da União, através da Portaria n. 31/95, dos Exmos. Srs. Procuradores-Gerais da República e do Trabalho foi instaurado inquérito civil conjunto entre o MPT e o MPF para apurar as

---

(4) Cf. MAZZILLI, Hugo Nigro. Ob. cit., p. 39 e 44.
(5) Ob. citada, p. 44.

condições degradantes, análogas à de escravo, a que estavam submetidos os trabalhadores no "Garimpo Bom Futuro", Ariquemes-RO.

2.2. Nomenclatura — Inquérito Civil ou Inquérito Civil Público?

A palavra inquérito tem origem latina, advém de *inquaeritare*, que quer dizer ato ou efeito de inquirir, interrogatório, sindicância, devassa, conjunto de atos e diligências com que se visa a apurar alguma coisa.

Não devemos utilizar a expressão inquérito civil público, já que seria um verdadeiro pleonasmo.

É bem verdade que utilizamos a nomenclatura ação civil pública, todavia, fazêmo-lo para distingui-la da ação civil privada.

Tratando-se de inquérito civil, não existe inquérito civil privado, já que o Ministério Público é o único titular do inquérito civil (§ 1º, art. 8º, Lei n. 7.347/85 e inciso III, art. 129, CR/88)[6]. Portanto, não há que se falar em inquérito civil público[7].

Ademais, é bom deixar claro que a Lei n. 7.347/85, § 1º, art. 8º, fez referência a inquérito civil, o mesmo tendo ocorrido no inciso III, art. 129, CR/88. Destarte, não há que se falar em inquérito civil público, mas, sim, em *inquérito civil*.

2.3. Disciplinas Legais

Conforme já dito alhures, foi a Lei n. 7.347/85 que introduziu em nosso ordenamento jurídico a figura do inquérito civil.

Após isso, a Constituição da República de 1988 elevou-o ao nível constitucional, na medida em que, dentre as funções institucionais do Ministério Público, previu a promoção do inquérito civil e a ação civil pública, para a proteção do patrimônio público e social, do meio ambiente e de outros interesses difusos e coletivos (inciso III, art. 129).

Desde então, vários dispositivos legais previram expressamente a figura do inquérito civil, destacando-se: a Lei n. 7.853, de 24.10.1989, que dispõe sobre o apoio às pessoas portadoras de deficiência — art.

---

(6) Cf. Art. de BURLE FILHO, José Emmanuel. *Ação Civil Pública*. São Paulo: Revista dos Tribunais, 1995, p. 321. Cf. também *Nelson Nery Junior* e *Rosa Maria Andrade Nery*, obra citada, p. 1.143.
(7) Cf. MAZZILLI, Hugo Nigro. *Idem, ibidem*, p. 48.

6º; a Lei n. 7.913, de 7.12.1989, que dispõe sobre a ação civil pública de responsabilidade por danos causados aos investidores no mercado de valores mobiliários — art. 3º; a Lei n. 8.069, de 13.07.1990, que dispõe sobre o Estatuto da Criança e do Adolescente — art. 201, inciso V; a Lei n. 8.078, de 11.9.1990, que dispõe sobre a proteção do consumidor — art. 90; a Lei n. 8.625, de 12.2.1993, que dispõe sobre normas gerais para a organização do Ministério Público dos Estados — art. 25, inciso IV, e art. 26, inciso I; e a Lei Complementar n. 75, de 20.05.1993, que dispõe sobre a organização, as atribuições e o estatuto do Ministério Público da União — art. 7º, inciso I, e 38, I, 84, II e 150, I.

As normas acima citadas fizeram expressa menção ao inquérito civil, consagrando-o como instrumento à disposição do Ministério Público para a colheita de provas para eventual propositura de ação civil pública.

Ressalte-se que, no âmbito de atribuições do Ministério Público do Trabalho, foi a Lei Complementar n. 75/93, art. 84, inciso II, que estatuiu, de forma expressa, a possibilidade de instauração do inquérito civil para assegurar a observância dos direitos sociais dos trabalhadores.

2.4. Disciplinas no Âmbito do Ministério Público do Trabalho[8]

No âmbito do Ministério Público do Trabalho, o inquérito civil começou a ser disciplinado pela Instrução Normativa n. 01/93, após, pela Resolução n. 28, de 27.5.1997, do Conselho Superior do Ministério Público do Trabalho e, por último, pela Recomendação n. 1, de 18.10.1999, do Procurador-Geral do Trabalho; todas já revogadas.

Desses instrumentos, a Resolução n. 28 era a que melhor disciplinava, *interna corporis*, o inquérito civil, fixava prazo para o seu término — seis meses (art. 10) — e ressaltava que apenas as práticas ou fatos que transcendessem o interesse meramente individual poderiam ser objeto de investigação (art. 2º).

Em seu art. 12, § 3º, a Resolução n. 28 previa que a desistência de qualquer ação proposta pelo Ministério Público do Trabalho estava condicionada à aprovação da Câmara de Coordenação e Revisão. Esse dispositivo era totalmente equivocado, uma vez que carecedor de suporte jurídico, já que o membro que promove a ação civil pública é livre

---

(8) O inteiro teor das normas editadas pelo Ministério Público do Trabalho estão ao final deste trabalho.

para desistir do seu prosseguimento, sendo que, caso fosse infundada a desistência, deveria ser responsabilizado administrativamente pelo seu ato.

Também equivocada foi a Recomendação n. 01, de 18.10.1999, feita pelo Procurador-Geral do Trabalho, que não tem poderes para disciplinar a atuação dos membros do Ministério Público do Trabalho no âmbito do inquérito civil.

Atualmente, não existe nenhuma norma *interna corporis* que discipline o procedimento do inquérito civil.

2.5. Objeto do Inquérito Civil

O objeto do inquérito civil é a colheita de elementos para formação do convencimento do membro do *Parquet* sobre a veracidade dos fatos narrados na representação que ensejou a sua instauração.

De posse dessas informações, o representante do Ministério Público pode chamar o investigado para tentar a assinatura de compromisso de ajustamento de conduta, propor uma ação civil pública ou fazer a promoção de arquivamento do inquérito, no caso de entender não existir ofensa ao ordenamento jurídico.

O ilustre professor *Raimundo Simão de Melo*[9] ensina que:

"O objeto principal do inquérito civil, como prescreve a doutrina, é a apuração sobre a existência de lesão ao ordenamento jurídico e busca de elementos de convicção para o ajuizamento da ação civil pública correspondente, a fim de que o órgão ministerial evite o ajuizamento de ações infundadas."

Já para o ilustre *Marcello Ribeiro Silva*[10] "o objeto do inquérito civil será, necessariamente, a investigação de fatos sociais que vulnerem os interesses difusos, coletivos e individuais homogêneos".

No âmbito do *Parquet* Laboral, a LC n. 75/93, art. 84, inciso II, preceitua que o inquérito civil será instaurado para assegurar a observância dos direitos sociais dos trabalhadores.

Para o ilustre *Luís Roberto Proença*[11] podem ser objeto do inquérito civil:

---

(9) Cf. *Ação Civil Pública na Justiça do Trabalho*. São Paulo: LTr, 2002, p. 65.
(10) Cf. *A Ação Civil Pública e o Processo do Trabalho*. São Paulo: Nacional de Direito, 2001, p. 226.
(11) Cf. *Inquérito Civil*. São Paulo: RT, 2001, p. 42.

"as lesões ao meio ambiente, aos direitos do consumidor (coletivamente considerados), ao patrimônio público, aos princípios da Administração Pública, à ordem econômica, aos padrões urbanísticos, ao princípio da livre concorrência, aos fundamentos da República (cidadania, pluralismo político etc.), aos direitos políticos e sociais garantidos pela Constituição, dentre inúmeros outros direitos e interesses de natureza coletiva *lato sensu*."

Prossegue o ilustre autor:

"Mas não se resume a isto o campo de abrangência do inquérito civil. Com o decorrer do tempo, foi o legislador percebendo a sua utilidade para a elucidação de qualquer fato relacionado à atuação civil do Ministério Público, passando, assim, a prever o seu uso também para a investigação de lesão (ou perigo de lesão) a direito meramente individual".

Para o doutrinador *Hugo Nigro Mazzilli*[12]:

"O inquérito civil, criado pela LACP, destinava-se originariamente à coleta, pelo Ministério Público, dos elementos necessários à propositura da ação civil na área do meio ambiente, do consumidor e do patrimônio cultural. A Constituição alargou seu objeto: agora, serve para coleta de elementos para a propositura de qualquer ação civil da área de atuação ministerial. Com isso, possibilita-se o ajuizamento de ações mais bem aparelhadas, sem falar que, no curso do inquérito, também se podem apurar, ao contrário, circunstâncias que demonstrem não ser o caso de provocar a jurisdição; nesse caso, pode-se arquivar a investigação."

O Egrégio Superior Tribunal de Justiça já decidiu que:

"MANDADO DE SEGURANÇA — PEDIDO DE ARQUIVAMENTO DE INQUÉRITO CIVIL INSTAURADO PELO MINISTÉRIO PÚBLICO — DENEGAÇÃO DO WRIT — RECURSO ESPECIAL — ALEGAÇÃO DE VIOLAÇÃO AO ART. 1º DA LEI N. 7.347/85 — O campo de atuação do Ministério Público foi ampliado pela Constituição de 1988, cabendo ao *Parquet* a promoção do inquérito civil e da ação civil pública para a proteção do patrimônio público e social, do meio ambiente e de outros interesses difusos e coletivos, sem a limitação imposta pelo art. 1º da Lei n. 7.347/85. Na espécie, além de ser o inquérito peça meramente informativa, tem ele tramitação autorizada pela própria Lei n. 7.347/85" (STJ — REsp 31.547-9 — São Paulo — 2ª T. — Rel. Min. Américo Luz — DJU 8.11.1993).

Vê-se, pois, que a Lei Maior ampliou o objeto do inquérito civil, demarcando-o pelo inciso III do art. 129, CR/88, pelo art. 1º da Lei n.

---

(12) Cf. *Introdução ao Ministério Público*. 2ª ed. São Paulo: Saraiva, 1998, p. 68.

7.347/85 e pelo art. 6º da Lei Complementar n. 75/93. É bem verdade que, em se tratando de tutela coletiva, o campo de atuação é muito amplo, mas suas linhas limítrofes estão fixadas pela Constituição e demais leis correlatas.

Ressalte-se, por oportuno, que o inquérito civil não é indispensável para que o membro do Ministério Público promova a ação civil pública, pois, havendo provas suficientes sobre os fatos narrados na representação inicial, o caminho judicial pode ser escolhido sem a instauração do procedimento administrativo. Essa foi a conduta adotada pelo Ministério Público na ação civil pública promovida em face da Siderúrgica Dedini, cujo pedido visava a instalação de filtros para evitar a poluição do ar[13].

O inquérito civil também não é condição de procedibilidade da ação civil pública, pois como dito, tendo o membro do Ministério Público, desde logo, as provas necessárias, poderá, a seu exclusivo critério, optar pela via judicial, sem instaurar o procedimento administrativo, que é apenas um meio para formar sua convicção.

Nesse diapasão, vejam-se as seguintes ementas:

"PROCESSO CIVIL — AÇÃO CIVIL PÚBLICA — INQUÉRITO ADMINISTRATIVO — OMISSÕES E CONTRADIÇÕES ARGÜIDAS EM EMBARGOS DE DECLARAÇÃO: MULTA (ART. 18)

1. O inquérito civil é procedimento administrativo facultativo, inquisitorial e auto-executório, o que desobriga o Ministério Público de instaurá-lo se dispõe dos elementos necessários à propositura da ação.

2. Como medida antecipativa com objetivo de angariar elementos que dêem sustentação à ação civil pública, pode o Ministério Público dispor de todos os elementos arrecadados no inquérito civil, ou de parte deles, quando assim entender pertinente.

3. Omissão do Tribunal em dois dos quatro pontos argüidos em embargos de declaração, o que torna uma ilegalidade as multas impostas com base no art. 18 e §§, do CPC.

4. Recurso especial parcialmente provido. (RECURSO ESPECIAL 2002/0077899-5, DJ 9.6.2003, p. 218, 2ª Turma STJ, 20.5.2003, Relatora Min. ELIANA CALMON).

PROCESSUAL CIVIL — AÇÃO CIVIL PÚBLICA — MINISTÉRIO PÚBLICO — DESNECESSIDADE DE PRÉVIO INQUÉRITO CIVIL — HONORÁRIOS ADVOCATÍCIOS INDEVIDOS — LEI N. 7.347/85 (ARTS. 8º, 9º E 17) — SÚMULA N. 7/STJ — 1. Compete ao Ministério Público facultativamente promover, ou não, o inquérito civil (§ 1º, art. 8º, Lei n. 7.347/85), procedimento administrativo e de caráter pré-processual, com atos

---

(13) Cf. MACHADO, Paulo Affonso Leme. Ob. cit., p. 339.

e procedimentos extrajudiciais. Não é, pois, cogente ou impositivo, dependendo a sua necessidade, ou não, das provas ou quaisquer elementos informativos precedentemente coligidos. Existindo prévia demonstração hábil para o exercício responsável da Ação Civil Pública, o alvitre do seu ajuizamento, ou não, é do Ministério Público, uma vez que o inquérito não é imprescindível, nem condição de procedibilidade. A decisão sobre a dispensa, ou não, está reservada ao Ministério Público, por óbvio, interditada a possibilidade de lide temerária ou com o sinete da má-fé. 2. Existente fundamentação razoável, vivificados os objetivos e funções do órgão ministerial, cuja participação é reputada de excepcional significância, tanto que, se não aparecer como autor, obrigatoriamente, deverá intervir como *custos legis* (§ 1º, art. 5º, ref.), não se compatibiliza com o espírito da lei de regência, no caso da improcedência da Ação Civil Pública, atribuir-lhe a litigância de má-fé (art. 17, Lei anterior, c/c o art. 115, Lei n. 8.078/90), com a condenação em honorários advocatícios. Demais, no caso, a pretensão não se mostra infundada, não revela propósito inadvertido ou clavado pelo sentimento pessoal de causar dano à parte ré ou que a ação resultante de manifestação sombreada por censurável iniciativa. Grampea-se que a litigância de má-fé sempre reclama convincente demonstração. 3. Recurso parcialmente conhecido e provido para derruir a condenação nos honorários advocatícios" (STJ — RESP 152447 — MG — 1ª T. — Rel. Min. Milton Luiz Pereira — DJU 25.2.2002).

No âmbito dos Tribunais do Trabalho, já ficou decidido que:

"CARÊNCIA DE AÇÃO POR FALTA DE INTERESSE DO MINISTÉRIO PÚBLICO — PROCEDIMENTO PREPARATÓRIO DE INQUÉRITO CIVIL PÚBLICO — NATUREZA INQUISITÓRIA — AUSÊNCIA DE AMPLA DEFESA E CONTRADITÓRIO — VIA ADMINISTRATIVA — EXAURIMENTO — NÃO OBRIGATORIEDADE — O procedimento preparatório para o inquérito civil público, dado o seu caráter inquisitório, não está sujeito aos princípios da ampla defesa e do contraditório, sendo oportuno pontuar que, mesmo que assim não ocorresse, o acesso ao Judiciário não está vinculado ao exaurimento da via administrativa em que primeiramente viesse a ser discutido o fato controvertido. CERCEAMENTO DE DEFESA — INEXISTÊNCIA — Não se cogita de cerceamento de defesa pelo indeferimento da produção de prova testemunhal quando o deslinde da controvérsia reside na análise de documento específico legalmente exigido para a demonstração de cumprimento das disposições do art. 93, II, da Lei n. 8.231/91. NULIDADE — NEGATIVA DE PRESTAÇÃO JURISDICIONAL — INEXISTÊNCIA — Se a fundamentação da sentença publicada conteve apreciação dentro do contexto apresentado nos embargos de declaração, ainda que de forma contrária aos interesses da recorrente, inexiste prejuízo a eivar de nulidade o processo. ART. 93 DA LEI N. 8.213/91 — INCONSTITUCIONALIDADE — De acordo com o pensamento do notável jurista *José Afonso da Silva*, o princípio da igualdade não pode ser entendido em sentido individualista, sem levar em conta as diferenças entre grupos e quando se diz que o legislador não pode distinguir, isso não significa que a lei deva tratar todos abstratamente iguais e ao final destaca as idéias de Seabra Fagundes quando afirma que o conceito de igualdade e desigualdade são relativos. Quero crer que trata-se de medida legal justificável e constitucional enquanto forma de proteção e combate à discriminação do deficiente físico. Não estamos tratando meramente de reivindicações, mas sim de igualdade de direitos no trabalho, e assumindo o compromisso de engajar o deficiente como trabalhador, e por isto cabe ao Judiciário incentivar o pleno cumprimento da legislação em vigor, visando em última análise à dignidade humana. A finalidade deste dispositivo legal é exatamente a proteção contra dispensa imotivada de trabalhador reabilitado ou de deficiente habilitado, no contrato por tempo determinado e indeterminado e ainda obrigar que empresas de médio e grande porte assegurem percentuais de suas vagas estes tipos de empregados (Juíza ODÉLIA FRANÇA NOLETO). Recurso conhecido e desprovido" (TRT 10ª R. — RO 2637/2001 — 1ª T. — Relª Juíza Márcia Mazoni Cúrcio Ribeiro — DJU 8.2.2002).

"MANDADO DE SEGURANÇA CONTRA MEDIDA CAUTELAR CONCEDIDA EM AÇÃO CIVIL PÚBLICA. AUSÊNCIA DE DIREITO LÍQUIDO E CERTO. Não há direito líquido e certo a embasar mandado de segurança contra decisão judicial que concedeu cautela em ação civil pública proposta pelo Ministério Público do Trabalho, visando à proteção da ordem jurídica e dos direitos sociais indisponíveis. O art. 127 da Constituição Federal impõe este poder-dever ao"parquet", especialmente se constatada em inquérito civil, em que se proporcionou ampla defesa ao querelado, a tentativa de malferimento da legislação laboral, disfarçada de atividade de estágio, a pretexto de estar concedendo empregos. Segurança que se denega, para que a ação civil pública tenha regular prosseguimento, como exige a lei" (TRT/SP 02347/2001-0 — Ac. SDI 2002011824 — DOE 13.8.2002 — Rel. NELSON NAZAR).

Percebe-se, assim, que o inquérito civil não é condição de procedibilidade da ação civil pública.

2.6. Conceito

O inquérito civil é um procedimento administrativo-investigatório de caráter inquisitorial, de natureza constitucional, cujo único titular é o Ministério Público, tendo por escopo a colheita de elementos de convicção, por parte de seus membros, sobre a veracidade dos fatos narrados na representação que ensejou a sua instauração.

Raimundo Simão de Melo[14] define o instituto como:

"procedimento administrativo e inquisitorial, informal, a cargo do Ministério Público do Trabalho, destinado a investigar sobre a

---

(14) Ob. cit., p. 59.

ilegalidade do ato denunciado, a colher elementos de convicção para ajuizamento da ação civil pública ou de qualquer outra medida judicial e, convencido o órgão condutor, da irregularidade denunciada, a tomar do inquirido termo de ajustamento de conduta às disposições legais."

Para o ilustre *Édis Milaré*[15] o inquérito civil é:

"procedimento de natureza administrativa, de caráter pré-processual, que se destina à colheita de elementos prévios e indispensáveis ao exercício responsável da ação civil pública. Conquanto concebido pela Lei n. 7.347/85, não serve de base apenas à instrução da ação civil pública ligada à tutela dos bens e valores previstos nessa lei, mas a qualquer ação civil para a qual esteja legitimado o *Parquet*."

Hugo Nigro Mazzilli[16] entende que:

"O inquérito civil é uma investigação administrativa prévia a cargo do Ministério Público, que se destina basicamente a colher elementos de convicção para o próprio órgão ministerial possa identificar se ocorre circunstância que enseje eventual propositura de ação civil pública ou coletiva."

Para o ilustre *Antonio Augusto Mello de Camargo Ferraz*[17] o inquérito civil "é um procedimento administrativo de natureza inquisitiva tendente a recolher elementos de prova que ensejem o ajuizamento de ação civil pública".

O mesmo autor, na obra Inquérito Civil: dez anos de um instrumento de cidadania. *In* MILARÉ, Édis (coord.). *Ação civil pública: Lei n. 7.347/85 — Reminiscências e reflexões após dez anos de aplicação*. São Paulo: RT, p. 62-69, foi muito feliz ao denominar o inquérito civil de *instrumento de cidadania*.

Já o Ministro *José Celso de Mello Filho*, quando ainda era assessor do Gabinete Civil da Presidência da República, assim se pronunciou sobre o inquérito civil:

"O projeto de lei que dispõe sobre a ação civil pública institui, de modo inovador, a figura do inquérito civil. Trata-se de procedimento meramente administrativo de caráter pré-processual, que se realiza extrajudicialmente. O inquérito civil, de instauração facultativa, desempenha relevante função instrumental. Constitui

---

(15) Cf. *A Ação Civil Pública na Nova Ordem Constitucional*. São Paulo: Saraiva, 1990, p. 18.
(16) *Idem ibidem*, p. 46.
(17) *Idem ibidem*, p. 63.

meio destinado a coligir provas e quaisquer outros elementos de convicção, que possam fundamentar a atuação processual do Ministério Público. O inquérito civil, em suma, configura um procedimento preparatório, destinado a viabilizar o exercício responsável da ação civil pública. Com ele, frustra-se a possibilidade, sempre eventual, de instauração de lides temerárias. A instauração do inquérito civil não obrigará o Ministério Público ao ajuizamento da ação civil pública, desde que lhe pareçam suficientes os elementos de convicção coligidos[18]."

Já o ilustre *Francisco Antonio de Oliveira* preceitua que:

"O inquérito civil se traduz em instrumento de colheita de provas que fornecerá os elementos de convicção para a propositura ou não da ação, inclusive da ação civil pública. Não constitui processo, mas mero procedimento em âmbito administrativo. E como tal não está submetido ao princípio do contraditório. (*Ação Civil Pública — Enfoques Trabalhistas.* São Paulo: Revista dos Tribunais, 1999, p. 175)."

Também pregando o caráter inquisitorial do inquérito civil são os ensinamentos de José Emmanuel Burle Filho, no artigo "Principais Aspectos do Inquérito Civil, como função institucional do Ministério Público", *in Ação Civil Pública.* São Paulo: Revista dos Tribunais, 1995, p. 324, que cita os ensinamentos de *Maria Sylvia Zanella Di Pietro*, para quem o princípio do contraditório é aplicável em qualquer tipo de processo que envolva o poder sancionatório do Estado sobre pessoas físicas ou jurídicas, mesmo posicionamento de *Ada Pellegrini Grinover*, publicado na RDA 183/9. Assim arrematando o seu raciocínio:

"Comensurando-se as colocações acima, fácil é concluir que o inquérito civil, caracterizando atuação do poder investigatório do Ministério Público, tem a natureza de procedimento administrativo, mesmo porque não tem por finalidade aplicar qualquer punição ou sanção. Aliás, durante o seu desenrolar não há nem mesmo litigantes, na medida em que nele não se têm participantes, partes e muito menos acusados, constatações que obstam a possibilidade de o inquérito civil apresentar 'litigantes', segundo a terminologia da Constituição Federal, no referido art. 5º, LV. Bem por isso, *Ada Pellegrini Grinover* (...) reconhece que o 'inquérito civil do MP' é 'não punitivo', não sujeito, portanto, às determinações da aludida norma constitucional."

---

(18) Cf. MEIRELLES, Hely Lopes. *Mandado de Segurança, Ação Popular, Ação Civil Pública, Mandado de Injunção*, Habeas Data. 15ª ed. atualizada por Arnoldo Wald, São Paulo: Malheiros, 1990, p. 123, nota 3.

No mesmo sentido é o posicionamento de *Nelson Nery Junior* e *Rosa Maria Andrade Nery*[19], que assim se manifestam: "Como não é processo administrativo, não há contraditório no IC, sendo salutar que o MP faculte aos interessados a possibilidade de se manifestarem no IC, juntando documentos, pareceres técnicos, fornecendo informações etc.".

Foi muito feliz o Desembargador *Francisco Oliveira Filho* (TJSC — AI 88.079725-1 — 6ª C. Cív. — J. 23.11.2000) ao dizer que:

"Constituindo o inquérito civil público instrumento informativo, capaz de proporcionar ao Ministério Público subsídios acerca da *causa petendi*, suscetíveis de autorizar a propositura de ação civil, incabível é cogitar-se de quebra do contraditório ou de nulidades em sua tramitação[20]."

O professor *Nelson Nery Junior*, na obra *Código Brasileiro de Defesa do Consumidor, comentado pelos autores do anteprojeto*. 7ª ed. São Paulo: Forense, 2001, p. 467, preceitua que: "A instauração do inquérito civil (art. 8º, § 1º, LACP e art. 90, CDC) é atribuição institucional exclusiva do Ministério Público (art. 129, n. III, CF), que serve como preparação para eventual ajuizamento de ação civil pública".

Assim, podemos dizer que o inquérito civil tem previsão constitucional e é um instrumento administrativo-investigatório, de caráter inquisitorial, pré-processual, tendo como único titular o Ministério Público, prestando-se à apuração de lesões a quaisquer interesses que possam ser defendidos por meio da ação civil pública ou coletiva.

---

(19) Cf. *Código de Processo Civil Comentado*. 3ªed. São Paulo: RT, 1997, p. 1.144.
(20) Íntegra da ementa: AGRAVO DE INSTRUMENTO — MUNICÍPIO — PREFEITO E SECRETÁRIOS AFASTADOS DOS CARGOS — NULIDADES EM INQUÉRITO CIVIL PÚBLICO — IMPOSSIBILIDADE DO ALCAIDE SER JULGADO NA COMARCA EM MATÉRIA CIVIL — INTERLOCUTÓRIO TIDO COMO IMOTIVADO — QUEBRA DO SIGILO BANCÁRIO — MATÉRIAS RECHAÇADAS — RECLAMO DESPROVIDO — A renúncia do prefeito e a substituição de secretários que o assessoravam, retira do recurso pressuposto intrínseco, na espécie o interesse, diante da inviabilidade de retorno do primeiro ao cargo, enquanto aqueles exerciam funções de confiança. Constituindo o inquérito civil público instrumento informativo, capaz de proporcionar ao Ministério Público subsídios acerca da *causa petendi*, suscetíveis de autorizar a propositura de ação civil, incabível é cogitar-se de quebra do contraditório ou de nulidades em sua tramitação. A prerrogativa de foro do alcaide no Tribunal de Justiça é restrita à matéria criminal, podendo ser legitimado passivo *ad causam* em ação civil desencadeada na Comarca. Motivado é o interlocutório que declina os fatos que justificaram o convencimento da autoridade judiciária. Inobstante medida extraordinária, a quebra do sigilo bancário é providência adequada quando a reconstrução processual objetiva verificar pagamentos através de empenhos tidos como oriundos de operações fictícias. O interesse na transparência da administração pública não pode sofrer restrição na correta e adequada verificação de gastos do erário. (TJSC — AI 88.079725-1 — 6ª C.Cív. — Rel. Des. Francisco Oliveira Filho — J. 23.11.2000)

2.7. Natureza Jurídica

Tomando-se por base a clássica distinção na qual o processo é uma relação jurídica que se desenvolve por um determinado procedimento, onde necessariamente há o contraditório, pois inexistindo contraditório, não estaríamos diante de um processo, mas de mero procedimento, chegamos à conclusão de que o inquérito civil é um procedimento administrativo.

É procedimento administrativo porque no inquérito civil não existe acusado, mas investigado, inquirido, não serve para aplicar penalidades, quando muito, estas serão decorrentes de um eventual compromisso de ajustamento de conduta, e não do inquérito civil.

Nesse sentido são os ensinamentos do ilustre *Carvalho Filho*, para quem "o inquérito tem natureza jurídica de procedimento administrativo de colheita de dados para a propositura da ação civil pública" (*Apud* OLIVEIRA, Francisco Antonio de. *Ação Civil Pública — Enfoques Trabalhistas*. São Paulo: Revista dos Tribunais, 1999, p. 175).

Capítulo 3

PODERES INVESTIGATÓRIOS NO INQUÉRITO CIVIL

3.1. Introdução

Como já dissemos, o inquérito civil é um poderoso instrumento colocado à disposição do Ministério Público para apurar qualquer ofensa aos direitos e interesses de natureza coletiva, conforme previsto na Lei Maior (art. 129).

O próprio membro do Ministério Público que preside o inquérito tem poderes para realizar atividades investigatórias.

Conforme dito alhures, o inquérito civil teve inspiração no inquérito policial, assim, o próprio Membro do Ministério Público deverá exercer o poder inquisitorial, à semelhança do que ocorre com o delegado de Polícia, quando instrui o inquérito policial na forma preconizada no art. 6º do CPP[1].

---

(1) Art. 6 Logo que tiver conhecimento da prática da infração penal, a autoridade policial deverá:
I — dirigir-se ao local, providenciando para que não se alterem o estado e conservação das coisas, até a chegada dos peritos criminais;
II — apreender os objetos que tiverem relação com o fato, após liberados pelos peritos criminais;
III — colher todas as provas que servirem para o esclarecimento do fato e suas circunstâncias;
IV — ouvir o ofendido;
V — ouvir o indiciado, com observância, no que for aplicável, do disposto no Capítulo III do Título VII, deste Livro, devendo o respectivo termo ser assinado por 2 (duas) testemunhas que lhe tenham ouvido a leitura;
VI — proceder a reconhecimento de pessoas e coisas e a acareações;
VII — determinar, se for o caso, que se proceda a exame de corpo de delito e a quaisquer outras perícias;
VIII — ordenar a identificação do indiciado pelo processo datiloscópico, se possível, e fazer juntar aos autos sua folha de antecedentes;
IX — averiguar a vida pregressa do indiciado, sob o ponto de vista individual, familiar e social, sua condição econômica, sua atitude e estado de ânimo antes e depois do crime e durante ele, e quaisquer outros elementos que contribuírem para a apreciação do seu temperamento e caráter.

Para realizar esse mister, à toda evidência, o Membro de Ministério Público necessita de poderes investigatórios, caso contrário, de nada adiantaria o inquérito civil.

Com relação ao poder investigatório do Ministério Público para conduzir investigações criminais, o ministro Nilson Naves, relator designado nos autos do RESP 494320-RJ, recorrente: Ministério Público do Estado do Rio de Janeiro, recorrido: Átila Alexandre Nunes Pereira, 6ª Turma do STJ, asseverou que:

> "se por um lado não há texto normativo que mencione expressamente a possibilidade de o MP conduzir investigações criminais, por outro não há dispositivo legal em sentido oposto. 'Ao contrário da total omissão, há indícios aqui, ali e acolá em direção à legitimidade da atuação', sustenta. Em sua avaliação, se o MP é responsável pela propositura da ação penal pública, deve ter o direito e os meios de colher elementos que vão sustentar essa ação."

A tendência, portanto, é conferir amplos poderes investigatórios ao Ministério Público.

Por outro lado, como muito bem observado pelo ilustre *José Marcelo Menezes Vigliar*[2]:

> "a) nem sempre, por mais diligente que seja o órgão de execução do Ministério Público, por mais tirocínio que tenha para a investigação, ainda que eficazes os meios que disponha, conseguirá provar e demonstrar a materialidade ou chegar à autoria da lesão do interesse transindividual que visa tutelar; b) para que possa persegui-la necessita de poderes, sob pena de toda a sua atividade se esvaziar, porque ficaria a mercê da boa vontade, muitas vezes do próprio investigado. (...) Em sede de inquérito civil, sem a concessão dos poderes ao órgão de execução do Ministério Público, que é o primeiro destinatário da convicção que da prova resultará, corre-se o risco de deixar à margem da apreciação do Poder Judiciário as lesões efetivas e as ameaças aos interesses transindividuais."

Para dar conta de suas novas atribuições, atuando de forma eficaz na defesa dos interesses transindividuais, é óbvio que, além de ter poderes de investigação, o Ministério Público deverá receber recursos materiais para que possa exercer esse papel com galhardia.

Nesse sentido, o já citado *Luís Roberto Proença*[3] preceitua que:

---

(2) Ob. cit., p. 99.
(3) Ob. cit., p. 57.

"Não há defesa eficaz dos bens jurídicos confiados ao Ministério Público, se esta Instituição não receber suficientes poderes de investigação, para que se viabilize o conhecimento dos fatos relevantes, atinentes a uma determinada situação jurídica. E de nada adianta a assunção destes poderes investigativos, se não receber recursos materiais que possibilitem o seu exercício efetivo."

Sem dúvida alguma, na defesa da tutela coletiva, os custos da investigação são altíssimos, seja com a realização de perícias, seja com a realização de diligências e colheita de depoimentos ou materiais para exames.

No âmbito do Ministério Público do Trabalho, é comum a existência de inquéritos para apurar a existência de trabalho em condições insalubres ou perigosas. Nesses casos, é necessária a realização de diversas medições e exames de custos elevadíssimos.

É bem verdade que em muitas oportunidades, os diversos órgãos públicos se unem para realizar essas tarefas, contudo, mesmo assim, são necessários recursos para isso.

Tivemos oportunidade de oficiar num inquérito civil para apurar as reais condições de segurança da malha ferroviária de determinada empresa. Havia a necessidade de perito que constatasse a situação fática. Para contornar a dificuldade orçamentária, foram nomeados ferroviários aposentados para esse mister.

No que se refere aos trabalhadores sujeitos à silicose[4], quando são necessários vários exames para o diagnóstico da doença, eles só foram realizados mediante convênio com a UNICAMP.

Por tais exemplos, fica luzidio que o Ministério Público deve receber recursos humanos e materiais para dar cabal cumprimento ao mister fixado pela Lei Maior.

3.2. Normas Legais

A Constituição da República de 1988 impingiu um novo papel ao Ministério Público, dando-lhe, entre outros, o poder de — art. 129: a) expedir notificações nos procedimentos administrativos de sua competência, requisitando informações e documentos para instruí-los, na forma da lei complementar respectiva; b) requisitar diligências investigatórias e a instauração de inquérito policial, indicados os fundamentos jurídicos de suas manifestações processuais.

---

(4) Doença que atinge os trabalhadores que mantêm contato com a sílica.

Já o art. 8º da Lei Complementar n. 75/93 autorizou o Ministério Público a:

"I — notificar testemunhas e requisitar sua condução coercitiva, no caso de ausência injustificada;

II — requisitar informações[5], exames, perícias e documentos de autoridades da Administração Pública direta ou indireta;

III — requisitar da Administração Pública serviços temporários de seus servidores e meios materiais necessários para a realização de atividades específicas;

IV — requisitar informações e documentos a entidades privadas;

V — realizar inspeções e diligências investigatórias;

VI — ter livre acesso a qualquer local público ou privado, respeitadas as normas constitucionais pertinentes à inviolabilidade do domicílio;

VII — expedir notificações e intimações necessárias aos procedimentos e inquéritos que instaurar;

VIII — ter acesso incondicional a qualquer banco de dados de caráter público ou relativo a serviço de relevância pública;

IX — requisitar o auxílio de força policial."

A Lei n. 7.347/85, no § 1º, art. 8º, já havia disciplinado que: "O Ministério Público poderá instaurar, sob sua presidência, inquérito civil, ou requisitar, de qualquer organismo público ou particular, certidões, informações, exames ou perícias, no prazo que assinalar, o qual não poderá ser inferior a 10 (dez) dias úteis".

Já a Lei n. 7.853/89, art. 6º, preceituou que: "O Ministério Público poderá instaurar, sob sua presidência, inquérito civil, ou requisitar, de qualquer pessoa física ou jurídica, pública ou particular, certidões, informações, exames ou perícias, no prazo que assinalar, não inferior a 10 (dez) dias úteis".

Essa lei veio deixar claro que a requisição poderá ser dirigida a qualquer pessoa, física ou jurídica, pública ou particular.

A mesma norma legal previu uma punição mais severa no caso de descumprimento de requisição do Ministério Público, aumentando a pena para até quatro anos e multa. De igual modo, o ECA (Lei n. 8.069/90), em seu art. 236, também prevê pena específica.

Numa interpretação sistemática do ordenamento jurídico, é claro que o poder de requisição do Ministério Público tem abrangência ge-

---

(5) § 5 , art. 8 da LC n. 75/93: "As requisições do Ministério Público serão feitas fixando-se prazo razoável de até dez dias úteis para atendimento, prorrogável mediante solicitação justificada."

ral, incluindo pessoas físicas ou jurídicas e até mesmo as pessoas formais (condomínio, massa falida, espólio, agências reguladoras, consórcios, etc.).

O Estatuto da Criança e do Adolescente (Lei n. 8.069/90), em seus arts. 201 e 223 também concedeu poderes investigatórios ao Ministério Público.

A Lei Orgânica Nacional do Ministério Público (Lei n. 8.625/93), no seu art. 26, disciplinou os poderes investigatórios do Ministério Público.

Todo esse arcabouço legislativo deixa clara a preocupação do legislador constitucional e infraconstitucional em outorgar amplos poderes investigativos ao Ministério Público, aumentando a sua responsabilidade em usá-lo de forma eficiente, não pecando pela omissão, tampouco pelo abuso do poder, conforme apregoa o ilustre *Luís Roberto Proença*, ob. cit., p. 65:

> "É relevante a compreensão do alcance de cada um destes poderes, para que não os exerça o Ministério Público aquém da autorização legal, com o que prejudicaria a defesa dos bens jurídicos que lhe são confiados, e para que não vá além dos seus limites constitucionais e legais, com o que poderia inviabilizar a utilização dos elementos colhidos a partir de seu exercício, em ações judiciais eventualmente propostas."

Posto isso, fica luzidio que o *Parquet* poderá colher depoimentos de testemunhas, dos lesados e dos causadores dos danos, promover acareações, vistorias, exames ou perícias, requisitar documentos, ou seja, tudo que for necessário para instruir o inquérito civil, formar seu convencimento e, eventualmente, dar suporte à propositura da Ação Civil Pública.

3.3. Notificações

Da mesma forma que ocorre no Judiciário, para instruir o inquérito civil, são realizadas audiências administrativas, com registro em ata, onde são colhidos depoimentos de testemunhas, dos investigados, esclarecimentos de peritos, etc.

A Lei da Ação Civil Pública não disciplinou o procedimento a ser adotado no inquérito civil, assim sendo, além das normas previstas na LC n. 75/93, o membro do Ministério Público também poderá fazer uso, de forma subsidiária, das normas do Código de Processo Penal e do Código de Processo Civil.

Assim, as intimações/notificações no inquérito civil podem ser efetuadas na forma prevista no art. 238 do CPC, ou seja, pelo correio, com o prazo mínimo de 24 (vinte e quatro) horas, conforme preceitua o art. 192 do mesmo diploma processual.

Luís Roberto Proença, ob. cit., p. 89, apregoa que a notificação deve ser utilizada para cientificar o notificado para comparecer à audiência no Ministério Público para a colheita de seu depoimento. Já a intimação será utilizada para dar ciência ao intimando de fato ocorrido ou ato praticado no inquérito civil, consignando as decorrências de tal ciência.

3.3.1. Notificações Especiais

As correspondências, notificações, requisições e intimações do Ministério Público, quando tiverem como destinatário o Presidente da República, o Vice-Presidente da República, membro do Congresso Nacional, Ministro do Supremo Tribunal Federal, Ministro de Estado, Ministro de Tribunal Superior, Ministro do Tribunal de Contas da União ou chefe de missão diplomática de caráter permanente, serão encaminhadas e levadas a efeito pelo Procurador-Geral da República ou outro órgão do Ministério Público a quem essa atribuição seja delegada, cabendo às autoridades mencionadas fixar data, hora e local em que puderem ser ouvidas, se for o caso (§ 4º, art. 8º, da LC n. 75/93).

No âmbito do Ministério Público do Trabalho, a Resolução n. 29, de 29.8.1997, do Egrégio Conselho Superior do Ministério Público do Trabalho, disciplinou que as correspondências, notificações, requisições e intimações do Ministério Público do Trabalho, quando tiverem como destinatários o Presidente da República, o Vice-Presidente da República, Membro do Congresso Nacional, Ministro do Supremo Tribunal Federal, Ministro de Estado, Ministro de Tribunal Superior, Ministro do Tribunal de Contas da União ou Chefe de missão diplomática de caráter permanente, assim como autoridade de nível equivalente na esfera estadual, deverão ser submetidas, na Procuradoria-Geral diretamente, e nas Procuradorias Regionais, por meio do Procurador-Chefe, ao Procurador-Geral do Trabalho, para as providências cabíveis.

A bem da verdade, o § 4º, art. 8º, LC n. 75/93, não se compatibiliza com o perfil constitucional do Ministério Público, que o definiu como um importante agente na defesa do regime democrático e da ordem jurídica.

Essa norma, além de representar uma burocracia inútil, pode acarretar num controle político na atuação dos membros do Ministério

Público, pois os Procuradores-Gerais são nomeados pelo Chefe do Poder Executivo.

Efetivamente, tratando-se das autoridades elencadas no citado artigo, existirá esse rigor burocrático para expedir as correspondências, notificações e requisições, fica a pergunta: Será que o Procurador-Geral pode engavetar esses pedidos? Em qual prazo que o Procurador-Geral deve encaminhar esses pedidos?

Infelizmente, essa norma acaba dando margem a adição de um ingrediente político às notificações/requisições do Ministério Público, o que em nada contribui para que o inquérito seja um célere instrumento no auxílio do acesso à Justiça.

De *lege ferenda*, entendemos que deve haver alteração legislativa para que a requisição/notificação seja efetuada pelo próprio condutor do Inquérito Civil, agilizando esse poderoso instrumento.

3.3.2. Notificação de Testemunhas e Condução Coercitiva

O inciso I, art. 8º, da Lei Complementar n. 75/93, preceitua que o Ministério Público poderá: "I — notificar testemunhas e requisitar sua condução coercitiva, no caso de ausência injustificada".

A testemunha, desde que devidamente intimada, tem obrigação legal de comparecer à audiência administrativa para a colheita de seu depoimento, caso não compareça, poderá ser conduzida de forma coercitiva.

O ato de condução coercitiva, caso arbitrário, poderá ser atacado por meio da impetração de *habeas corpus*.

Antes da colheita de depoimento, o Membro do Ministério Público deverá tomar o compromisso da testemunha[6], advertindo-a de que incorre em sanção penal[7] quem faz afirmação falsa, cala ou oculta a verdade.

A testemunha deve estar cônscia das conseqüências de seu depoimento.

---

(6) CPC, Art. 415. Ao início da inquirição, a testemunha prestará o compromisso de dizer a verdade do que souber e lhe for perguntado.
Parágrafo único. O juiz advertirá à testemunha que incorre em sanção penal quem faz a afirmação falsa, cala ou oculta a verdade.
(7) CP, Art. 342. Fazer afirmação falsa, ou negar ou calar a verdade, como testemunha, perito, tradutor ou intérprete em processo judicial, policial ou administrativo, ou em juízo arbitral:
Pena — reclusão, de 1 (um) a 3 (três) anos, e multa.

3.4. Condução Coercitiva do Investigado

Da mesma forma que a testemunha, o investigado também é obrigado a comparecer à audiência administrativa, sob pena de condução coercitiva, todavia, em razão do princípio de não ser obrigado a auto acusar-se (inciso LXIII, art. 5º, CR/88), poderá exercer o direito de ficar calado, só se manifestando em juízo.

3.5. O Falso Testemunho no Inquérito Civil

Apesar do inquérito civil não ser um processo administrativo, alguns autores[8] entendem que o mesmo deve ser considerado como processo administrativo em sentido lato, ou seja, para fins penais, especificamente no caso de crime de falso testemunho.

Efetivamente, quando da colheita de depoimentos, o Membro do Ministério Público deve compromissar/advertir o depoente na forma do art. 342 do Código Penal[9], já que o depoimento a ser colhido pode ser o elemento de convicção sobre os fatos narrados na representação inicial, ensejando eventual propositura de ação civil pública.

Conforme nos ensina o ilustre *José Marcelo Menezes Vigliar*, na obra *Ação Civil Pública*, 5ª ed. São Paulo: Atlas, 2001, p. 99:

> "O Tribunal de Justiça do Estado de São Paulo já decidiu que o falso testemunho pode ser realizado na fase inquisitiva, referindo-se ao inquérito policial: Revista dos Tribunais, 595/344; diante das semelhanças das naturezas jurídicas dos institutos — inquérito civil e policial —, é plenamente possível a caracterização do delito de falso no inquérito civil".

Realmente, é comum a prática do crime de falso testemunho nos inquéritos policiais, conforme podemos perceber das seguintes ementas:

"RAPTO MEDIANTE FRAUDE — NEGATIVA DE AUTORIA — Coerentes declarações da vítima, consideradas o vértice das provas em delitos desta natureza, que primam pela clandestinidade, com seguro reconhecimento, tornam certa e induvidosa a real responsabilidade do agente pela prática do delito. Condenação mantida. Falso testemunho. Comete o delito previsto no art. 342, § 1º, do CP, o agente que, prestando de-

---

(8) *Cf.* MAZZILLI. Ob. cit., p. 49.
(9) Fazer afirmação falsa, ou negar ou calar a verdade como testemunha, perito, contador, tradutor ou intérprete em processo judicial, ou administrativo, inquérito policial, ou em juízo arbitral.

poimento em inquérito policial, faz declaração comprovadamente falsa, visando a beneficiar o indiciado. Sentença confirmada" (TJRS — ACR 70003394400 — 4ª C.Crim. — Rel. Des. Constantino Lisbôa de Azevedo — J. 21.3.2002).

"DIREITO CONSTITUCIONAL, PENAL E PROCESSUAL PENAL — Inverdades contidas no termo de declarações, perante a polícia, no qual o declarante, mesmo sem prestar o compromisso legal, deu o seu testemunho, informando, falsamente, que foi aposta, determinada assinatura em cartão de autógrafos do cartório Arnaldo Maciel, o que foi desmentido pela pretensa assinante do dito cartão de autógrafos, que negou havê-lo assinado e pela perícia grafoscópica. Configuração plena do delito tipificado no art. 342 do CP. Ordem de HC com o fim de trancar a ação penal denegada à unanimidade" (TJPE — HC 90689-8 — Rel. Des. Magui Lins Azevedo — DJPE 21.2.2003).

Mutatis mutandis, comungando do ensinamento do doutrinador acima citado, ou seja, das semelhanças entre os institutos jurídicos e do fato de que o inquérito civil teve nítida inspiração no inquérito policial, concluímos que pode ocorrer o crime de falso testemunho no inquérito civil.

Destarte, sempre que o Membro do *Parquet* for tomar um depoimento, deverá fazê-lo mediante compromisso do depoente.

3.6. Poder Requisitório

Segundo nos ensina Aurélio Buarque de Holanda, na obra *Novo Dicionário Aurélio da Língua Portuguesa*. 2ª ed. Rio de Janeiro: Nova Fronteira, 1986, p. 1.492, a palavra requisitar tem sua origem no latim vulgar — *requaesitare* — e significa pedir ou exigir legalmente.

Portanto, trata-se de uma exigência imposta pela lei. Quem requisita, não pede, exige, determina.

Luís Roberto Proença, ob. cit., p. 65, apregoa que: "Requisitar é o poder jurídico de exigir uma prestação, de determinar que algo se faça. Quem requisita determina, exige, não pede. É poder sem intermediários para o seu exercício, vinculando diretamente o expedidor ao destinatário, tendo por objeto uma atividade deste."

Destarte, requisição é o poder jurídico conferido ao Membro do Ministério Público para exigir, de forma direta — auto-executável — que se faça alguma coisa.

Para instruir os procedimentos sob sua responsabilidade, o Membro do Ministério Público poderá requisitar certidões e documentos em geral, que deverão ser cumpridos no prazo mínimo de dez dias, conforme determina o § 5º, art. 8º, da LC n. 75/93, sempre de forma graciosa (Lei n. 8.625/93 — art. 26, § 3º).

É bom deixar claro que o Membro do Ministério Público tem acesso a quaisquer informações[10], ainda que sigilosas.

Nos casos de mau uso dessas informações, o membro do Ministério Público será responsabilizado civil e criminalmente.

Efetivamente, a Lei n. 8.429, de 2.6.1992, preceitua que o membro do Ministério Público que fizer mau uso das informações obtidas no inquérito civil poderá responder por ato de improbidade. Diz o art. 11 da citada lei:

"Art. 11. Constitui ato de improbidade administrativa que atenta contra os princípios da administração pública qualquer ação ou omissão que viole os deveres de honestidade, imparcialidade, legalidade e lealdade às instituições, e notadamente:

(...)

III — revelar fato ou circunstância de que tem ciência em razão das atribuições e que deva permanecer em segredo."

Já a Lei Complementar n. 75/93 preceitua:

"Art. 236. O membro do Ministério Público da União, em respeito à dignidade de suas funções e à da Justiça, deve observar as normas que regem o seu exercício e especialmente:

(...)

II — guardar segredo sobre assunto de caráter sigiloso que conheça em razão do cargo ou função."

A desobediência desse preceito ensejará a aplicação das sanções previstas no art. 239 da mesma norma (advertência, censura, suspensão, demissão, e cassação de aposentadoria ou de disponibilidade).

Portanto, o fato de se tratar de informações sigilosas, não serve de pretexto para descumprir requisições do Ministério Público, pois este será responsabilizado caso as divulgue fora das hipóteses legais.

3.7. Acesso a Documentos Públicos

O art. 8º, da LC n. 75/93, e o art. 26 da Lei n. 8.625/93, concedem ao Ministério Público o poder de requisitar informações, exames, perí-

---

(10) Cf. § 2 , art. 8 e inciso II, art. 236, da LC n. 75/93, § 2 , art. 26, Lei n. 8.625/93.

cias e documentos de autoridades da Administração Pública direta, indireta ou fundacional, de qualquer dos Poderes da União, dos Estados, do Distrito Federal e dos Municípios.

Ressalte-se que as "Agências Reguladoras" (ANATEL[11], ANEEL[12], etc.), nos termos das leis que as criaram, são integrantes da Administração Pública Federal indireta, submetidas a regime autárquico especial, com independência administrativa, autonomia financeira, ausência de subordinação hierárquica, bem como mandato fixo e estabilidade de seus dirigentes. Portanto, estão sujeitas ao poder de requisição previsto na norma acima citada.

O Poder Legislativo também deve atender as requisições do Ministério Público, conforme se verifica da seguinte ementa:

"CRIMINAL — RHC — INVESTIGAÇÃO EM INQUÉRITO CIVIL — ATOS INVESTIGATÓRIOS REALIZADOS PELO MP — REQUISIÇÃO DE DOCUMENTOS A PRESIDENTE DA CÂMARA MUNICIPAL — LEGALIDADE DA SOLICITAÇÃO, QUE PODE SER DIRIGIDA A QUALQUER DOS PODERES — PRETENSÃO DE ATRIBUIÇÃO DO DIREITO DE ESCOLHER O QUE DEVE SER ENCAMINHADO À INVESTIGAÇÃO MINISTERIAL — IMPROPRIEDADE — INEXISTÊNCIA DE ORDEM IMINENTE DE PRISÃO — LEGALIDADE DO PROCEDIMENTO — RECURSO DESPROVIDO — I. Não há ilegalidade nos atos investigatórios realizados pelo Ministério Público, que pode requisitar informações e documentos a fim de instruir seus procedimentos administrativos, visando a eventual oferecimento de denúncia, havendo previsão constitucional e legal para tanto. II. Improcede a alegação de que os Poderes Executivo e Legislativo não estariam obrigados a atender a requisições ministeriais, pois pode ser destinatário da requisição qualquer órgão da administração direta, indireta ou fundacional, de qualquer dos Poderes Públicos. III. Não se pode aceitar a verdadeira pretensão, da paciente, de se atribuir o direito de escolher o tipo de documentação que deva remeter ao Ministério Público, sob pena de inconcebível inversão de valores e de situações. IV. É descabido o pretendido reconhecimento de ameaça à liberdade de locomoção, se não há ordem iminente de prisão, mas, ao revés, evidencia-se a mera advertência genérica — prevista em lei — para o caso de ser obstaculizada a investigação afeta ao Ministério Público proceder, o que não pode ser considerado, de plano, ilegal. Recurso desprovido" (STJ — RHC — 11888 — MG — 5ª T. — Rel. Min. Gilson Dipp — DJU 19.11.2001 — p. 00291).

Por conseguinte, as requisições do Ministério Público devem ser atendidas, independentemente das pessoas a quem são dirigidas.

---

(11) Criada pela Lei n. 9.472, de 16.7.1997.
(12) Criada pela Lei n. 9.427, de 26.12.1996.

3.8. Acesso a Documentos Particulares

O art. 8º, da LC n. 75/93, e o art. 26 da Lei n. 8.625/93, concedem ao Ministério Público o poder de requisitar informações e documentos a entidades privadas.

O § 1º, art. 8º, da Lei n. 7.347/85, contém impropriedade técnica ao conceder ao Ministério Público o poder de requisitar, de qualquer organismo público ou particular, certidões, informações, exames ou perícias, no prazo que assinalar.

Efetivamente, certidão é documento expedido por órgão da Administração Pública direta ou indireta. Não de particulares. Estes, no máximo, podem emitir declarações.

Tal equívoco, porém, foi corrigido pelas normas citadas no início deste tópico.

Independentemente da impropriedade, o certo é que, para instruir o seus procedimentos, o membro do Ministério Público terá acesso a quaisquer documentos, públicos ou particulares.

3.9. Requisição para Instauração de Procedimentos Administrativos

A Lei Complementar n. 75/93, art. 7º, inciso III, e a Lei n. 8.625/93, art. 26, inciso III, autorizam o Ministério Público a: 1) requisitar à autoridade competente a instauração de sindicância ou procedimento administrativo cabível; 2) requisitar diligências investigatórias e a instauração de inquérito policial e de inquérito policial militar, observado o disposto no art. 129 da CR/88.

3.10. Requisição de Exames e Perícias

O § 1º, art. 8º, da Lei n. 7.347/85, autoriza o membro do Ministério Público que preside o inquérito civil a requisitar, de qualquer organismo público ou particular, certidões, informações, exames ou perícias, no prazo que assinalar.

Quanto às requisições de exames e perícias dirigidas aos órgãos públicos, não há discussão, pois, o § 3º, art. 26, da Lei n. 8.625/93, foi taxativo ao preceituar que serão cumpridas graciosamente as requisições feitas pelo Ministério Público aos órgãos da Administração Pública direta, indireta ou fundacional.

Celeuma poderá ocorrer quando essas requisições forem dirigidas às entidades privadas. Mesmo assim, será despropositada, vez que nosso ordenamento jurídico impõe diversas obrigações aos particulares em geral.

Especificamente no que se refere ao meio ambiente de trabalho, as Normas Regulamentadoras impõem aos empregadores a realização de exames periódicos em seus trabalhadores e no ambiente laboral, elaboração e revisão, em intervalos regulares, do Programa de Prevenção de Riscos Ambientais (PPRA) e do Programa de Controle Médico de Saúde Ocupacional (PCMSO). Tais exames são custeados exclusivamente pelo empregador.

Luís Roberto Proença, ob. cit., p. 70, preceitua que essa hipótese assemelha-se: "ao dever legal imposto a todos de ser jurado (se escolhidos forem), de prestar serviço militar (ou serviço alternativo) ou de colaborar com a Justiça Eleitoral, na realização das eleições".

Justamente por ser uma exceção à ampla liberdade conferida pela Constituição da República aos cidadãos, esse poder requisitório do Ministério Público deve ser utilizado de forma moderada.

3.11. Requisição de Informações Sigilosas

Conforme já dito, o membro do Ministério Público tem acesso a quaisquer informações, ainda que sigilosas.

O § 2º, art. 8º, da LC n. 75/93, prevê que nenhuma autoridade poderá opor ao Ministério Público, sob qualquer pretexto, a exceção de sigilo, sem prejuízo da subsistência do caráter sigiloso da informação, do registro, do dado ou do documento que lhe seja fornecido. Já o inciso VIII da mesma lei preceitua que o Ministério Público tem acesso incondicional a qualquer banco de dados de caráter público ou relativo a serviço de relevância pública.

Por sua vez, a Lei n. 8.625/93, art. 26, § 2º, diz que o membro do Ministério Público será responsável pelo uso indevido das informações e documentos que requisitar, inclusive nas hipóteses legais de sigilo.

Assim, conforme já mencionado, nos casos de mau uso dessas informações, o membro do Ministério Público será responsabilizado civil e criminalmente.

Em razão disso, entendemos que o membro do Ministério Público pode requisitar informações de qualquer autoridade.

Nesse diapasão, podemos transcrever as seguintes ementas:

"RECURSO ORDINÁRIO. MANDADO DE SEGURANÇA. ATO OMISSIVO. LEI GOIANA N. 13.145/97. NOMEAÇÃO DE PARENTES. CARGOS DE CONFIANÇA E EM COMISSÃO. PROCURADOR-GERAL DE JUSTIÇA. REQUISIÇÃO DE INFORMAÇÕES. Lei n. 8.625/93. 1. A teor do art. 26 da Lei n. 8.625/93, o Ministério Público, através do Procurador-Geral de Justiça, poderá requisitar informações do Governador do Estado, dos membros do Poder Legislativo e dos Desembargadores para instruir inquéritos civis e procedimentos administrativos para apurar irregularidades no cumprimento da lei 2. Recurso ordinário conhecido e provido" (Acórdão ROMS 10596/GO — RECURSO ORDINÁRIO EM MANDADO E SEGURANÇA 1999/0011036-6, DJ de 12.8.2002, p. 182, Relator Ministro Francisco Peçanha Martins, Segunda Turma STJ, de 16.4.2001).

"DIREITO CONSTITUCIONAL, ADMINISTRATIVO, PENAL E PROCESSUAL PENAL — INQUÉRITO CIVIL, PARA APURAÇÃO DE ATOS DE IMPROBIDADE ADMINISTRATIVA, ATRIBUÍDOS A DEPUTADO FEDERAL — *HABEAS CORPUS* IMPETRADO JUNTO AO STF, COM ALEGAÇÃO DE USURPAÇÃO DE SUA COMPETÊNCIA — PARECER PELA CONVERSÃO EM RECLAMAÇÃO — DESACOLHIMENTO — 1. A Reclamação, de que cuidam os arts. 156 a 162 do R.I. STF, pressupõe a existência de processo judicial, no qual um órgão judiciário esteja usurpando competência do Supremo Tribunal Federal ou desrespeitando a autoridade de suas decisões. 2. No caso, o ato dos Promotores de Justiça, impugnado na impetração, é um Inquérito Civil instaurado pela Promotoria de Justiça da Comarca de Londrina, com base no inc. III do art. 129 da Constituição Federal e do art. 8º, § 1º, da Lei n. 7.347/85. 3. Estando o ato impugnado circunscrito ao âmbito de atuação do Ministério Público — e não de qualquer órgão judiciário — não se pode admitir, nem mesmo em tese, que algum órgão judiciário esteja usurpando a competência do Supremo Tribunal Federal ou desrespeitando a autoridade de suas decisões, o que afasta a possibilidade de Reclamação. 4. E não há, no Inquérito Civil em questão, qualquer lesão ou ameaça de lesão à liberdade de locomoção do paciente, o que também exclui o cabimento de HC. 5. Pedido não conhecido, seja como *Habeas Corpus*, seja como Reclamação" (STF — HC 80112 — TP — Rel. Min. Sydney Sanches — DJU 17.11.2000 — p. 11).

"REQUISIÇÃO — PROCESSUAL CIVIL — ADMINISTRATIVO — AÇÃO CIVIL PÚBLICA — INÉPCIA — INEXISTÊNCIA — DESNECESSIDADE DE ABERTURA DE INQUÉRITO CIVIL PRÉVIO — COBRANÇA DE IMPOSTOS — REQUISIÇÃO DE INFORMAÇÕES A ÓRGÃO PÚBLICO — POSSIBILIDADE — I — A petição inicial só deve ser considerada inepta quando não atender aos requisitos exigidos pelo art. 282, do CPC. II. O pedido foi desenvolvido satisfatoriamente, mesmo considerando certa deficiência na sua exposição, estando compatível com a causa de pedir. III. A abertura do inquérito civil não é condição preliminar ao ajuizamento da Ação Civil Pública. IV. É pacífica a posição desta Corte ao entender que a ação civil pública guarda como um dos objetivos a defesa do patrimônio público, visando ainda ao ressarcimento dos danos provenientes da má gestão do Erário. V. A legislação que disciplinou a Ação Civil Pública, Lei n. 7.347/85, delimitou que a mesma poderia ter por objeto a condenação em dinheiro ou o cumprimento de obrigação de fazer ou não fazer. Na hipótese em tela, a determinação que se busca reformar é exatamente a obrigação do Estado de atender ao dever de prestar contas, mais especificamente, em relação à cobrança de impostos. VI. O Ministério Público pode requisitar, de qualquer organismo público, certidões, informações, exames e perícias Lei n. 7.347, de 24 de julho de 1985, art. 8º, § 1º para instruir Ação Civil Pública. O destinatário somente poderá negar certidão ou informação, nos casos em que a Lei impuser sigilo art. 8º, § 2º. A relação de devedores do ICMS não se enquadra dentre as hipóteses em que se requer sigilo. Recurso a que se nega provimento" (STJ — REsp 162377 — SC — 1ª T. — Rel. Min. Francisco Falcão — DJU 25.6.2001 — p. 6).

Sendo assim, atuando dentro da sua área de atribuições para instruir os procedimentos sob sua responsabilidade, o membro do *Parquet* terá acesso a todas as informações/documentos que julgar necessários para formar o seu convencimento.

3.12. Sigilo Fiscal

O sigilo fiscal está regulamentado pelos arts. 198 e 199 do Código Tributário Nacional, *verbis*:

"Art. 198. Sem prejuízo do disposto na legislação criminal, é vedada a divulgação, por parte da Fazenda Pública ou de seus servidores, de informação obtida em razão do ofício sobre a situação econômica ou financeira do sujeito passivo ou de terceiros e sobre a natureza e o estado de seus negócios ou atividades.

§ 1º Excetuam-se do disposto neste artigo, além dos casos previstos no art. 199, os seguintes:

I — requisição de autoridade judiciária no interesse da justiça;

II — solicitações de autoridade administrativa no interesse da Administração Pública, desde que seja comprovada a instauração regular de processo administrativo, no órgão ou na entidade respectiva, com o objetivo de investigar o sujeito passivo a que se refere a informação, por prática de infração administrativa.

§ 2º O intercâmbio de informação sigilosa, no âmbito da Administração Pública, será realizado mediante processo regularmente instaurado, e a entrega será feita pessoalmente à autoridade solicitante, mediante recibo, que formalize a transferência e assegure a preservação do sigilo.

§ 3º Não é vedada a divulgação de informações relativas a:

I — representações fiscais para fins penais;

II — inscrições na Dívida Ativa da Fazenda Pública;

III — parcelamento ou moratória."

"Art. 199. A Fazenda Pública da União e as dos Estados, do Distrito Federal e dos Municípios prestar-se-ão mutuamente assistência para a fiscalização dos tributos respectivos e permuta de informações, na forma estabelecida, em caráter geral ou específico, por lei ou convênio.

Parágrafo único. A Fazenda Pública da União, na forma estabelecida em tratados, acordos ou convênios, poderá permutar informações com Estados estrangeiros no interesse da arrecadação e da fiscalização de tributos."

A rigor, o inciso II, art. 198 do Código Tributário Nacional, já autoriza a Fazenda Pública a divulgar os dados do contribuinte, desde que seja comprovada a instauração regular de processo administrativo, no órgão ou na entidade respectiva, com o objetivo de investigar o sujeito passivo a que se refere a informação, por prática de infração administrativa.

Não bastasse, o § 2º, art. 8º, da LC n. 75/93, foi expresso ao disciplinar que nenhuma autoridade poderá opor ao Ministério Público, sob qualquer pretexto, a exceção de sigilo, sem prejuízo da subsistência do caráter sigiloso da informação, do registro, do dado ou do documento que lhe seja fornecido.

As Comissões Parlamentares de Inquérito, desde há muito tempo (Lei n. 1.579, de 18.3.1952), dispõem de poderes investigatórios próprios do Poder Judiciário, sendo que a Constituição da República, art. 58, § 3º, foi taxativa no sentido de que elas terão poderes de investigação próprios das autoridades judiciais, além de outros previstos nos regimentos das respectivas Casas.

Nesse sentido, já decidiu o Egrégio Supremo Tribunal Federal nos autos do MS 23452/RJ — Relator Min. Celso de Mello, julgado de 16.9.1999, Tribunal Pleno, publicado no Diário de Justiça de 12.05.00 PP-00020 EMENT VOL-01990-01 PP-00086 (ementa integral está ao final deste trabalho).

Demais disso, todos os anos os contribuintes devem apresentar suas declarações de Imposto de Renda à Receita Federal.

As informações assim prestadas estão cobertas pelo sigilo fiscal, ou seja, há a obrigação da Receita e de seus funcionários de não divulgar as informações do contribuinte, sob pena de adoção de medidas cíveis, penais e administrativas.

Como já dito acima, o próprio Código Tributário já disciplinou que essas informações estão protegidas pelo sigilo, mas não são secretas, podem e devem ser fornecidas nos casos em que a lei autoriza.

Por todo o exposto, fica claro que o princípio do sigilo das informações deve ser aplicado com parcimônia e as requisições do Ministério Público devem ser atendidas, já que não há sigilo fiscal para este Órgão, quando está instruindo o inquérito civil.

3.13. Sigilo Bancário

3.13.1. Introdução

A interpretação de que o sigilo bancário só pode ser quebrado com a prévia autorização da Justiça é totalmente divorciada do que prevê a Constituição da República.

A Lei Maior, em seu art. 145, § 1º, depois de instituir os tributos, prevê que os impostos terão caráter pessoal e serão graduados segundo a capacidade econômica do contribuinte, facultado à administração tributária, especialmente para conferir efetividade a esses objetivos, identificar, respeitados os direitos individuais e nos termos da lei, o patrimônio, os rendimentos e as atividades econômicas do contribuinte.

Pois bem. Os valores depositados em contas bancárias e aplicações financeiras fazem parte do patrimônio do contribuinte. Portanto, podem ser fiscalizados.

Num Estado Democrático de Direito, o sigilo bancário não pode servir para proteger o sonegador ou o investigado em procedimento administrativo regularmente instaurado.

Não há impedimento legal para que um auditor do Banco Central examine uma conta bancária. Por que haverá para a Receita Federal? Se não deve haver impedimento para a Receita Federal, por muito mais razão não pode haver para o membro do Ministério Público, que é a instituição permanente, essencial à função jurisdicional do Estado, incumbida da defesa da ordem jurídica, do regime democrático e dos interesses sociais e individuais indisponíveis.

Os defensores da tese do sigilo bancário costumam se embasar na norma prevista no inciso XII, art. 5º, CR/88, todavia, essa norma não tem o alcance que pretendem.

A norma em questão estabelece o "sigilo da correspondência e das comunicações telegráficas, de dados e das comunicações telefônicas", portanto, registros bancários não estão protegidos pela regra do sigilo.

Não bastasse, os contribuintes, todos os anos, devem prestar declaração ao Imposto de Renda de seus bens e rendimentos, ocasião em que devem ser lançados os registros bancários, que, aí sim, estão sob o sigilo fiscal, e não bancário.

O saudoso doutrinador *Geraldo Ataliba* apregoava que o sigilo bancário estava sendo totalmente deformado no Brasil. Ele lembrava que o sigilo bancário é uma proteção ao cliente em relação ao banco, para que este não divulgue os registros bancários daquele, sob pena de medidas cíveis e penais.

Assim como existe o sigilo bancário, há também o sigilo fiscal, ou seja, a obrigação da Receita e de seus funcionários de não divulgar as informações do contribuinte, também sob pena de adoção de medidas cíveis, penais e administrativas.

Destarte, o contribuinte, em razão de suas obrigações fiscais, nunca poderia se negar a apresentar seus registros bancários ao Fisco. Muito menos ao Ministério Público, que é o órgão de defesa do regime democrático e da ordem jurídica.

Justamente por isso, acreditamos que a aprovação da Lei Complementar n. 105, de 10.1.2001, que disciplinou a quebra do sigilo financeiro, foi um grande passo para disciplinar o sistema tributário brasileiro. Com todo o respeito às opiniões contrárias, elas só servem para manter o atual nível de sonegação fiscal, no qual movimentações financeiras de milhões de reais não recolhem um centavo de Imposto de Renda.

Não é por outra razão que o jornal *Folha de São Paulo*, no editorial de 2.5.2001, assim se manifestou: "Difícil crer que os dados genéricos fornecidos pela CPMF firam a intimidade do contribuinte. É evidente, por outro lado, que esconder o que é devido fere — de morte — os mais básicos princípios da justiça tributária".

Para o jurista *Piero Luigi Vigna*, procurador nacional Anti-Máfia da Itália, o Brasil está na contramão da história e certamente perderá a guerra contra o crime organizado caso não acabe com o sigilo bancário, o qual, na sua concepção, representa fonte de impunidade.

O citado jurista, em matéria publicada no Jornal Cruzeiro do Sul, edição de 1º.9.2004, p. b.2, afirma que: "Chega a suscitar alguma suspeita a posição que o Brasil e certos paraísos fiscais mantêm em relação ao sigilo".

Prossegue ele:

"(...) a ONU aprovou em 2000 uma resolução, da qual o Brasil é signatário, que prevê a abolição do sigilo bancário em investigações policiais. A União Européia, conforme destacou, aprovou a medida para todas as nações do seu bloco, inclusive as que serviam de paraíso fiscal, como a Suíça. Até os países da Liga dos Estados Árabes, à exceção dos Emirados, aboliram o sigilo bancário nas investigações sobre crime organizado.

'É inexplicável que a ONU e suas 189 nações filiadas adotem essa posição e o Brasil assuma tendência contrária ao rumo da história. Terá o Brasil alguma razão que desconhecemos para tirar conclusão diferente do resto do mundo?', indagou.

Nos países, como a Itália, que seguem a orientação da ONU, o sigilo bancário e fiscal não são válidos para o Ministério Público, que pode usar a polícia para entrar num banco e recolher documentos, equipamentos, programas de computador e todo o material que considerar necessário a uma investigação."

Sendo assim, a LC n. 105/2001 é um pequeno avanço e representará uma relação de igualdade entre os contribuintes perante o Fisco, além do que evitará a saída do país das empresas que não conseguem concorrer com os sonegadores, pois num país democrático, com meios de coibir os excessos eventualmente praticados, não se justifica a vedação de acesso às informações financeiras dos prováveis sonegadores.

Por fim, ressalte-se que as garantias constitucionais se justificam enquanto não interferem na existência do próprio Estado Democrático de Direito, já que à medida que representam um risco à sua existência, devem ser mitigadas em benefício do ente que as garante.

3.13.2. Requisição de Informações protegidas pelo Sigilo Bancário

Sigilo bancário é a obrigação imposta às instituições financeiras de manter em sigilo as informações decorrentes das operações ativas e passivas dos serviços que presta aos seus clientes (Lei Complementar n. 105, de 10.1.2001).

Trata-se de um concreto dever de conduta de conteúdo negativo por parte da instituição financeira: abster-se de revelar a terceiros fatos captados por ela no exercício de sua peculiar atividade[13].

---

(13) Cf. BARBEITAS, André Terrigno. "O Sigilo Bancário e o Resguardo da Intimidade e da Vida Privada". *Boletim Científico — Escola Superior do Ministério Público da União*. Brasília: ESMPU, Ano II, n. 6, jan./mar., 2003, p. 37.

Sobre essa matéria, o ilustre *Luís Roberto Proença*, ob. cit., p. 81, apregoa:

"Como observa *Nelson Abrão*, 'é instintivo da natureza humana o desejo de manter certa discrição no que concerne à posse e disponibilidade dos bens materiais. Quando não seja para evitar o aguçamento das pretensões do Fisco, se-lo-á, pelo menos, para não provocar sentimentos nocivos nos inferiormente dotados de bens'. Daí por que passar a ser protegido por lei, após longa decantação histórica, o sigilo bancário."

Prossegue o citado autor:

"Preleciona *Nelson Abrão* serem três os sistemas existentes, no que toca ao sigilo bancário a) o anglo-saxão, em que o sigilo bancário não encontra amparo legal; b) o dos países da Europa continental, em que o sigilo bancário é contemplado nos vários diplomas legais que protegem o segredo profissional; c) o da Suíça e do Líbano, no qual se pode falar do sigilo bancário reforçado."

O festejado autor, citando o doutrinador *Nelson Abrão*, informa que o direito inglês obriga o banqueiro a revelar o segredo. Já nos Estados Unidos, sempre que ocorrer conflito entre a efetiva apuração dos fatos e a intimidade do contribuinte, prevalecerá o interesse do Estado, mais, nos casos dos correntistas-comerciantes, esses dados servem como informações em favor de terceiros. Já os países que adotam o sigilo bancário reforçado, admitem sua quebra nos casos de enriquecimento ilícito.

Já para o preclaro *André Terrigno Barbeitas*, ob. cit., p. 37, o tema possui duas dimensões distintas, a primeira, de cunho essencialmente civilístico, baseada nas origens históricas do instituto, resguardando a situação patrimonial dos clientes em face da própria instituição financeira e dos demais indivíduos, seus familiares, representantes, sócios e sucessores. A segunda, de cunho publicista, representa uma atenuação dos rigores da primeira, admitindo a quebra do sigilo bancário quando essas informações interessarem ao Estado (Poder Judiciário e Fisco). Sendo que: "a partir da concepção do *welfare state*, atendendo à crescente necessidade fiscal do Estado intervencionista na ordem econômica, observou-se uma nítida tendência da maioria dos sistemas legislativos modernos (*v.g.*, França, Bélgica, Alemanha, Holanda, Espanha, Argentina) de facultar ao aparelho estatal poderes para transformar os bancos em colaboradores legais do Fisco".

O ilustre *José Adércio Leite Sampaio*, citado por *André Terrigno Barbeitas*, ob. cit., p. 38, informa que: "no mundo inteiro, nota-se uma firme tendência no sentido de ser deferido a órgãos administrativos e quase-jurisdicionais o poder de quebra do sigilo bancário sempre que necessário às investigações criminais, financeiras ou fiscais e inexistirem outros meios menos gravosos".

Desse modo, não existe no mundo moderno um sistema jurídico que dê total proteção ao sigilo bancário. Sempre deve prevalecer o interesse público, ou seja, o regime democrático. A propriedade e o interesse individual não estão acima dos interesses da sociedade.

Bem a propósito são as palavras de *Sacha Calmon Navarro Coelho*, citada por *Luís Roberto Proença*, ob. cit., p. 84:

"o sigilo bancário visa preservar as pessoas físicas e jurídicas de intromissões indevidas tanto por parte de particulares como por parte das autoridades públicas. Inobstante, o 'sigilo bancário' não é absoluto, eis que diante do legítimo Poder de Polícia do Estado, como ocorre nos EEUU, na França, na Alemanha e na Inglaterra, países sabidamente democráticos e capitalistas, admite-se a sua relativização por fundados motivos de ordem pública, notadamente derivados do combate ao crime, de um modo geral, e a evasão fiscal, omissiva e comissiva. Não pode a ordem jurídica de um país razoavelmente civilizado fazer do sigilo bancário um baluarte em prol da impunidade, a favorecer proxenetas, lenões, bicheiros, corruptos, contrabandistas e sonegadores de tributos. O que cumpre ser feito é uma legislação cuidadosa que permita a manutenção dos princípios da privacidade e do sigilo de dados, sem torná-los bastiões da criminalidade. De resto, reza a sabedoria popular, que quem não deve não teme. A recíproca é verdadeira."

Em que pese a tendência mundial em relativizar o sigilo bancário, admitindo-se a sua quebra por órgãos administrativos e quase-jurisdicionais, caso do Ministério Público Brasileiro, o Supremo Tribunal Federal, em diversos julgamentos[14], enquadra o sigilo bancário como expressão do direito à intimidade[15], sufragado pelo sigilo de

---

(14) Cf. Precedentes citados por *André Terrigno Barbeitas*, ob. cit., p. 38: Petição n. 577 (Questão de Ordem) (RTJ, v. 148, p. 366); Inquérito n. 897 (AgRg)-DF (RTJ, v. 157, p. 44); Reclamação n. 511-PB (RTJ, v. 166, p. 785); RE n. 215.301-0/CE; MS n. 21729-4/DF.
(15) EMENTA: CONSTITUCIONAL. MINISTÉRIO PÚBLICO. SIGILO BANCÁRIO: QUEBRA. CF, art. 129, VIII — A norma inscrita no inc. VIII, do art. 129, da CF, não autoriza ao Ministério Público, sem a interferência da autoridade judiciária, quebrar o sigilo bancário de alguém. Se se tem presente que o sigilo bancário é espécie de direito à privacidade, que a CF consagra, art. 5, X, somente autorização expressa da Constituição legitimaria o Ministério Público a promover, diretamente e sem a intervenção da autoridade judiciária, a quebra do sigilo bancário de qualquer pessoa. II — RE não conhecido. RE 215301/CE — CEARÁ — RECURSO EXTRAORDINÁRIO — Relator: Min.

dados previsto no inciso XII, art. 5º, da Lei Maior, admitindo a sua quebra apenas mediante autorização judicial — reserva constitucional de jurisdição — ou nos casos das Comissões Parlamentares de Inquérito (§ 3º, art. 58, CR/88), ainda assim, desde que de modo fundamentado, já que estas comissões teriam poderes de investigação próprios das autoridades judiciais.

Nesse sentido, veja-se a decisão do Egrégio Supremo Tribunal Federal proferida nos autos do "MS N. 23.669-DF (Medida Liminar)* Relator: Min. Celso de Mello, de 12.4.2000, publicada no DJU de 17.4.2000 — transcrita ao final deste trabalho.

O já citado *André Terrigno Barbeitas*, ob. cit., p. 39, em minucioso estudo, relata que:

> "As premissas que levaram nossa Corte Constitucional a esse entendimento são bastante questionáveis. Inicialmente, não há qualquer referência explícita, no art. 5º, inciso XII, da CF/88, ao sigilo bancário. Apegou-se à expressão "comunicação de dados" para incluí-lo. Contudo, pesquisando-se os arquivos dos trabalhos da Assembléia Constituinte, verificou-se que a inclusão da expressão enfocada resultou de emenda aditiva n. ES32893-0 apresentada pelo então constituinte Artur da Távola, em 5 de setembro de 1987, sob a seguinte justificativa, *verbis*: "No mundo contemporâneo o mesmo direito ao sigilo clássico nas comunicações postais, telefônicas e telegráficas, pelas mesmas razões deve abranger a comunicação de dados. Ou seja, objetivou-se apenas a adequação do figurino clássico às inovações tecnológicas decorrentes do incremento da informatização dos dados, sem qualquer intenção de alargar o conteúdo daqueles meios de transmissão do pensamento de corriqueira presença na história do constitucionalismo pátrio."

Bem sabemos que a norma jurídica se desprende da vontade dos legisladores, mesmo assim, são interessantes os fundamentos históricos da sua elaboração.

É bem verdade que, no próprio STF, também há precedente admitindo a quebra do sigilo bancário pelo Ministério Público, *verbis*:

> "Mandado de Segurança. Sigilo bancário. Instituição financeira executora de política creditícia e financeira do Governo Federal. Legitimidade do Ministério Público para requisitar informações e documentos destinados a instruir procedimentos administrativos de sua competência. 2. Solicitação de informações, pelo Ministério Público Federal ao Banco do

---

CARLOS VELLOSO — Julgamento: 13.4.1999 — Órgão Julgador: Segunda Turma — STF — Publicação: DJ 28.5.99, p.24.

Brasil S/A, sobre concessão de empréstimos, subsidiados pelo Tesouro Nacional, com base em plano de governo, a empresas do setor sucroalcooleiro. 3. Alegação do Banco impetrante de não poder informar os beneficiários dos aludidos empréstimos, por estarem protegidos pelo sigilo bancário, previsto no art. 38 da Lei n. 4.595/1964, e, ainda, ao entendimento de que o dirigente do Banco do Brasil S/A não é autoridade, para efeito do art. 8º, da LC n. 75/1993. 4. O poder de investigação do Estado é dirigido a coibir atividades afrontosas à ordem jurídica e a garantia do sigilo bancário não se estende às atividades ilícitas. A ordem jurídica confere explicitamente poderes amplos de investigação ao Ministério Público — art. 129, incisos VI, VIII, da Constituição Federal, e art. 8º, incisos II e IV, e § 2º, da Lei Complementar n. 75/1993. 5. Não cabe ao Banco do Brasil negar, ao Ministério Público, informações sobre nomes de beneficiários de empréstimos concedidos pela instituição, com recursos subsidiados pelo erário federal, sob invocação do sigilo bancário, em se tratando de requisição de informações e documentos para instruir procedimento administrativo instaurado em defesa do patrimônio público. Princípio da publicidade, ut art. 37 da Constituição. 6. No caso concreto, os empréstimos concedidos eram verdadeiros financiamentos públicos, porquanto o Banco do Brasil os realizou na condição de executor da política creditícia e financeira do Governo Federal, que deliberou sobre sua concessão e ainda se comprometeu a proceder a equalização da taxa de juros, sob a forma de subvenção econômica ao setor produtivo, de acordo com a Lei n. 8.427/1992. 7. Mandado de segurança indeferido" (MS 21729/DF — DISTRITO FEDERAL MANDADO DE SEGURANÇA — Relator: Min. MARCO AURÉLIO — Julgamento: 5.10.1995 — Órgão Julgador: Tribunal Pleno STF — Publicação: DJ 19.10.01).

O Egrégio Superior Tribunal de Justiça, nos autos do recurso ordinário em mandado de segurança n. 8.716 — Goiás (97.0048523-4), primeira turma, DJ. De 25.5.1998, relator Ministro Milton Luiz Pereira, recorrente: Município de Mossamedes e outros; recorrido: Ministério Público do Estado de Goiás, já decidiu:

> "Ação Cautelar (exibição de documentos bancários). Legitimidade do Ministério Público estadual. Providências Investigatórias Urgentes e Preparatórias para o Inquérito Civil e Ação Civil Pública. Constituição Federal, Arts. 5º, X e XII, 37, 127 e 129. Lei n. 4.595/64 (art. 38). Lei n. 7.347/85. Lei n. 4.728/65 (art. 4º, § 2º) e Lei n. 8.625/93 (arts. 25 e 26).
>
> 1. À parla de relevante interesse público e social, ampliou-se o âmbito de atividades do Ministério Público para realizar atividades investigatórias, alicerçando informações para promover o Inquérito e Ação Civil Pública (CF, arts. 127 e 129, III — Lei n. 7.347/85, arts. 1º e 5º).
>
> 2. O sigilo bancário não é um direito absoluto, quando demonstradas fundadas razões, podendo ser desvendado por requisição do Ministério Público em medidas e procedimentos administrativos, inquérito e ações, mediante requisição submetida ao Poder Judiciário.

3. A 'quebra de sigilo' compatibiliza-se com a norma inscrita no art. 5º, X e XII, CF, cônsono jurisprudência do STF.

4. O princípio do contraditório não prevalece no curso das investigações preparatórias incetadas pelo Ministério Público (RE 136.239 — Ag. Reg. Em Inquérito n. 897 — DJU de 24.3.95).

5. Não constitui ilegalidade ou abuso de poder, provimento judicial aparelhando o Ministério Público na coleta de urgentes informações para apuração de ilícitos civis e penais.

6. Recurso improvido. (RMS 8.716/GO, Primeira Turma, Rel. Min. Milton Luiz Pereira, DJ de 25.5.1998)"

A Lei n. 7.492, de 16.06.1986 (Lei do Colarinho Branco), em seu art. 29, preceitua:

"Art. 29. O órgão do Ministério Público Federal, sempre que julgar necessário, poderá requisitar, a qualquer autoridade, informação, documento ou diligência relativa à prova dos crimes previstos nesta Lei.

Parágrafo único. O sigilo dos serviços e operações financeiras não pode ser invocado como óbice ao atendimento da requisição prevista no *caput* deste artigo."

Já a Lei n. 4.728, de 14.7.1965, em seu art. 4º, § 2º, preceitua: "Quando, no exercício das suas atribuições, o Banco Central tomar conhecimento de crime definido em lei como de ação pública, oficiará ao Ministério Público para instalação de inquérito policial".

A Lei Complementar n. 105, de 10.1.2001, art. 9º, diz:

"Quando, no exercício de suas atribuições, o Banco Central do Brasil e a Comissão de Valores Mobiliários verificarem a ocorrência de crime definido em lei como de ação pública, ou indícios da prática de tais crimes, informarão ao Ministério Público, juntando à comunicação os documentos necessários à apuração ou comprovação dos fatos."

As normas acima citadas são luzidias quanto à possibilidade de quebra do sigilo bancário sem a necessária ordem judicial. Efetivamente, a toda evidência, quem é o titular da ação penal, deve ter acesso a todos os documentos necessários para a formação de seu convencimento para promovê-la.

Nesse sentido, a Segunda Turma do egrégio Tribunal Regional Federal da 2ª Região, nos autos do processo n. 2001.02.01.033100-1, Relator Desembargador Federal Paulo Espírito Santo, Impetrante: Edison Viana dos Santos, Impetrado: Juiz Federal da 2ª Vara-ES, Paciente: Carlos Henrique Zurlo Bortolini, acórdão datado de 31.10.2001, decidiu que:

"Logo, embora a Lei n. 10.174 tenha alterado a redação de tal art., permitindo a Secretaria da Receita Federal a utilização dos dados da referida contribuição para verificação da existência de outros créditos tributários, observa-se que, mesmo na vigência da Lei n. 9.311, o Parquet já podia requerer a quebra do sigilo bancário de qualquer pessoa suspeita da prática de sonegação fiscal. Assim, não há que se falar em violação ao direito adquirido e ao princípio da irretroatividade in pejus da lei, eis que a requisição do Ministério Público Federal nela não se baseou.

Cabe aqui salientar que o Ministério Público Federal não quebrou o sigilo bancário diretamente. Ele postulou em Juízo a medida. *Mas, ainda que o tivesse feito diretamente, seria sustentável legalmente, diante, também, do texto da Lei Complementar n. 75*, Lei do Ministério Público Federal (...)". (grifamos)

No caso do inquérito civil, o art. 8º, § 2º, é taxativo: "Nenhuma autoridade poderá opor ao Ministério Público, sob qualquer pretexto, a exceção de sigilo, sem prejuízo da subsistência do caráter sigiloso da informação, do registro, do dado ou do documento que lhe seja fornecido".

Essa norma não pode ser interpretada isoladamente, tem de ser vista no conjunto do sistema jurídico pátrio, especialmente na disposição contida no art. 127 da Constituição da República, que deu novo perfil ao Ministério Público, incumbindo-lhe a defesa da ordem jurídica, do regime democrático e dos interesses sociais e individuais indisponíveis.

Mas, não é só, também deve entrar nesse contexto o art. 129, que dentre as funções institucionais do Ministério Público, preceituou a promoção do inquérito civil (inciso III), sendo que no inciso VI, do mesmo artigo, conferiu-lhe o poder de expedir notificações nos procedimentos administrativos de sua competência, requisitando informações e documentos, tudo na forma em que for definida em lei complementar.

A Lei Complementar n. 75/93, art. 8º, § 2º, ao conferir amplo poder de requisição ao Ministério Público, está em consonância com o texto Constitucional.

Efetivamente, não vislumbramos qualquer ofensa ao direito à privacidade, nos casos de quebra de sigilo por autoridades administrativas e quase-jurisdicionais, uma vez que essa privacidade continuará preservada dentro do procedimento administrativo. E a sua divulgação implicará na responsabilidade de quem deu causa.

Na feliz expressão de *José Adércio Leite Sampaio*, citado por *André Terrigno Barbeitas, op. cit.*, p. 43, "o direito à privacidade termina onde começa o legítimo interesse público".

Comentando o novo perfil do Ministério Público, o ilustre *Luciano Feldens*[16] apregoa que o Poder Constituinte arquitetou o Ministério Público como autêntico órgão de defesa social, citando voto do Min. Celso de Mello que disse: "o Ministério Público tornou-se, por destinação constitucional, o defensor do povo".

Numa feliz expressão do Ministro do Supremo Tribunal Federal, Sepúlveda Pertence, em voto proferido no MS 21.239-DF, foi asseverado que o Ministério Público *está agora cercado de contrafortes de independência e autonomia, que o credenciam ao efetivo desempenho de uma magistratura ativa de defesa impessoal da ordem jurídica democrática, dos direitos coletivos e dos direitos da cidadania*. (grifo nosso)

Em outro trecho desse v. acórdão, o Ministro Sepúlveda Pertence disse que:

"Foi a Constituição Federal de 1988, inegavelmente, o instrumento de consolidação jurídico-constitucional do Ministério Público. Ao dispensar-lhe singular tratamento normativo, a Carta Política redesenhou-lhe o perfil constitucional, outorgou-lhe atribuições inderrogáveis, explicitou-lhe a destinação político-institucional, ampliou-lhe as funções jurídicas e deferiu, de maneira muito expressiva, garantias inéditas à própria Instituição e aos membros que a integram. Foram, assim, plenas de significação as conquistas institucionais obtidas pelo Ministério Público ao longo do processo constituinte de que resultou a promulgação da nova Constituição do Brasil. Com a reconstrução da ordem constitucional, emergiu o Ministério Público sob o signo da legitimidade democrática. Ampliaram-se-lhe as atribuições; dilatou-se-lhe a competência; reformulou-se-lhe a fisionomia institucional; conferiram-se-lhe os meios necessários à consecução de sua destinação constitucional; atendeu-se, finalmente, a antiga reivindicação da própria sociedade civil. Posto que o Ministério Público não constitui órgão ancilar do Governo, instituiu o legislador constituinte um sistema de garantias destinado a proteger o membro da instituição e a própria Instituição, cuja atuação autônoma configura a confiança de respeito aos direitos, individuais e coleti-

---

(16) FELDENS, Luciano. "O Poder Requisitório do Ministério Público e a Inoponibilidade de Sigilo", *Boletim Científico — Escola Superior do Ministério Público da União*. Brasília: ESMPU, ano II, n. 7, abr./jun., 2003, p. 65.

vos, e a certeza de submissão dos Poderes à lei. É indisputável que o Ministério Público ostenta, em face do ordenamento constitucional vigente, peculiar e especial situação na estrutura do Poder. A independência institucional constitui uma de suas mais expressivas prerrogativas. Garante-lhe o livre desempenho, em toda sua plenitude, das atribuições que lhe foram deferidas. O tratamento dispensado ao Ministério Público pela nova Constituição confere-lhe, no plano da organização estatal, uma posição de inegável eminência, na medida em que se lhe atribuíram funções institucionais de magnitude irrecusável, dentre as quais avulta a de 'zelar pelo efetivo respeito dos Poderes Públicos e dos serviços de relevância pública aos direitos assegurados nesta Constituição, promovendo as medidas necessárias à sua garantia (v. CF/88, art. 129, inciso II)."

Não são em outro sentido as palavras do ilustre *Luciano Feldens*, ob. cit., p. 66:

"Seja em face desse desenho institucional, seja a partir de uma constatação pragmática em torno de sua atuação pós-Constituição de 1988, o fato é que o Ministério Público tornou-se esperança social. No contexto em que está imersa a sociedade (brasileira), contemporânea, esperança social poderá significar esperança de democracia substancial de redução das desigualdades sociais, enfim, esperança de justiça social ou, minimamente — e daí, em essência, a relevância institucional do Ministério Público —, esperança real e efetiva defesa dos interesses sociais."

É óbvio que para o Ministério Público concretizar esse sonho da democracia substancial, necessariamente deverá ter poderes para tanto. No particular, vale ressaltar as palavras de preclaro *Jorge Miranda*, citado por *Luciano Feldens*, ob. cit., p. 66, *verbis*:

"não basta enumerar, definir, explicitar, assegurar só por si direitos fundamentais: é necessário que a organização do poder político e toda a organização constitucional estejam orientadas para a sua garantia e promoção. Assim como não basta afirmar o princípio democrático e procurar a coincidência entre a vontade política do Estado e a vontade popular, em qualquer momento; é necessário estabelecer um quadro institucional em que esta vontade se forme em liberdade em que cada cidadão tenha a segurança da previsibilidade do futuro."

Diante de tudo o que foi dito, fica claro que o poder investigatório/requisitório do Ministério Público, indispensável para a sua efetiva atuação na defesa da sociedade brasileira, está ancorado no Poder Constituinte originário de 1988, que fixou o novo perfil desse órgão.

O já citado *Luciano Feldens*, ob. cit., p. 68, informa que a compulsoriedade do atendimento das requisições do Ministério Público está assentada num sistema de responsabilidades:

> "Primeiro, para o destinatário da requisição: seu descumprimento poderá lhe gerar responsabilidade penal, civil e/ou administrativa; segundo, e não menos importante, para o órgão emissor da requisição (o Ministério Público): considerada, pois, a ausência de liberdade do destinatário em atender a requisição, os atos gerados em face de sua estrita observância imputam-se ao agente ministerial, o qual assim se habilita a figurar, ele próprio, como autoridade coatora na hipótese de eventual impugnação judicial da requisição, por ação de mandado de segurança ou *habeas corpus*."

Em nossa atuação no dia-a-dia, já tivemos oportunidade de constatar que as autoridades que recebem as requisições (Polícia Federal, Receita Federal, INSS, Banco Central, DRT, SDT, etc.) sentem-se numa situação de subordinação perante o Ministério Público. Todavia, não há qualquer relação de subordinação entre o Ministério Público e essas autoridades, pois o que existe é uma determinação legal para que atendam às requisições. Além disso, no âmbito de atuação do Ministério Público do Trabalho, é muito comum os auditores fiscais do trabalho se sentirem protegidos em sua atuação profissional quando atendem requisição do *Parquet*, pois entre a sua atuação fiscal e o investigado, existe um anteparo, que é o Ministério Público, sendo que a fiscalização não poderá ser interrompida, mesmo a pedido de autoridades superiores do requisitado. Fato comum em passado recente.

Por outro lado, é sempre bom lembrar que quando o membro do Ministério Público agir com ilegalidade ou abuso de poder, haverá o remédio jurídico próprio, ou seja, a ação mandamental, quando, então, o Judiciário dará a palavra final. O que não pode ocorrer é o total silêncio do destinatário da requisição.

Sobre essa questão, bem a calhar são as palavras do respeitado *Luciano Feldens*, ob. cit., p. 73:

> "Em não se tratando de matéria acometida à reserva de jurisdição, a mera desconfiança do destinatário da requisição quanto à constitucionalidade (ainda que parcial) do dispositivo legal que a sustenta não o autoriza, evidentemente, a deixá-la sem resposta. Se o desejar, deverá impugná-la judicialmente, provocando o contro-

le difuso de constitucionalidade. A tanto, tenhamos em conta o óbvio e bi-secular judicial *review*: sobre hipótese de litigiosidade constitucional há de falar o Poder Judiciário, e não os corredores burocráticos da administração, seja ela pública ou privada. Enfim, a requisição pode, sim, ser impugnada. E deverá sê-lo, quando o seja o caso, para a manutenção do estado de legalidade; constitucionalidade. Mas com medida judicial, jamais com um pusilânime e retumbante silêncio administrativo, público ou privado."

Destarte, o destinatário da requisição tem duas alternativas: a primeira, cumpri-la em fiel obediência aos preceitos legais, ou, a segunda, atacar o ato requisitório pelos meios legais. Caso não adote nenhuma das alternativas, ficará sujeito às penalidades previstas no art. 10 da Lei n. 7.347/85, da Lei n. 7.853/89 ou da Lei n. 8.069/90.

Doutrinadores consagrados como *Nelson Nery Junior* e *Rosa Maria de Andrade Nery*, ob. cit., p. 1.145, propugnam pela possibilidade do Ministério Público requisitar informações sobre movimentações financeiras.

André Terrigno Barbeitas, baseando-se em *José Adércio Leite Sampaio*, ob. cit., p. 45, apregoa que o sigilo bancário merece uma reflexão mais aprofundada, seja porque não guarda compatibilidade com a interpretação histórica-semântica dos dispositivos constitucionais previstos nos incisos X e XII do art. 5º, da Lei Maior; seja porque privilegiando sobremaneira o aspecto civilista do instituto, afasta-se da interpretação efetuada pelo Direito comparado, exceção dos paraísos fiscais; seja pelo fato de, ao englobar indistintamente toda e qualquer operação financeira de pessoa física ou jurídica, não se compatibilizaria com a idéia-núcleo da proteção constitucional da intimidade e da vida privada, ou seja, o resguardo da dignidade humana. Acrescentaríamos nós, que a interpretação sistemática de todo o ordenamento jurídico, leva à conclusão de que o Ministério Público está legitimado a efetivar a quebra do sigilo bancário, pois, devidamente autorizado pela LC n. 75/93, decorrente da autorização contida no inciso III, art. 129 da Lei Maior.

Por fim, não podemos deixar de mencionar que os famosos paraísos fiscais estão abandonando a prática de proteção absoluta aos dados de movimentações financeiras, cientes de que essa conduta ajudava a proliferação do crime organizado — máfias internacionais, portanto, hoje em dia, a tendência internacional é o total abandono dessa prática[17].

---

(17) Cf. Art. de NASSIF, Luís. "Sob o império do crime", jornal *Folha de São Paulo*, edição de 1 .5.2005, caderno dinheiro, p. B4.

3.14. Limites ao Poder de Requisição

É inadmissível a inoponibilidade genérica da exceção do sigilo, já que toda norma existente no ordenamento jurídico é válida e eficaz até que seja atacada por meio do controle de constitucionalidade das normas, seja ele difuso ou concentrado.

A inoponibilidade à exceção do sigilo só pode ser feita, de forma eficaz, nos casos de reserva constitucional de jurisdição, ou seja, matéria reservada constitucionalmente, e de forma exclusiva, aos membros do Poder Judiciário, tais como (art. 5º, CR/88): "XI — a casa é asilo inviolável do indivíduo, ninguém nela podendo penetrar sem consentimento do morador, salvo em caso de flagrante delito ou desastre, ou para prestar socorro, ou, durante o dia, por determinação judicial"; XII — é inviolável o sigilo da correspondência e das comunicações telegráficas, de dados e das comunicações telefônicas, salvo, no último caso, por ordem judicial, nas hipóteses e na forma que a lei estabelecer para fins de investigação criminal ou instrução processual penal".

Em voto proferido no MS n. 23.452, STF, o Ministro *Celso de Mello*, assim definiu a reserva constitucional de jurisdição:

"O postulado da reserva constitucional de jurisdição importa em submeter, à esfera única de decisão dos magistrados, a prática de determinados atos cuja realização, por efeito de explícita determinação constante do próprio texto da Carta Política, somente pode emanar do juiz, e não de terceiros, inclusive daqueles a quem se haja eventualmente atribuído o exercício de 'poderes de investigação próprios das autoridades judiciais'. A cláusula constitucional da reserva de jurisdição — que incide sobre determinadas matérias, como a busca domiciliar (CF, art. 5º, XI), a interceptação telefônica (CF, art. 5º, XII) e a decretação da prisão de qualquer pessoa, ressalvada a hipótese de flagrância (CF, art. 5º, LXI) — traduz a noção de que, nesses temas específicos, assiste ao Poder Judiciário não apenas o direito de proferir a última palavra, mas, sobretudo, a prerrogativa de dizer, desde logo, a primeira palavra, excluindo-se, desse modo, por força e autoridade do que dispõe a própria Constituição a possibilidade do exercício de iguais atribuições, por parte de quaisquer outros órgãos ou autoridades do Estado."

Como se vê, o preclaro Ministro não incluiu o sigilo fiscal e bancário na reserva constitucional de jurisdição. Portanto, *in casu*, não haveria limite ao poder de requisição.

Outra limitação ao poder requisitório do Ministério Público está no inciso X, art. 5º, CR/88, ao preceituar que são invioláveis a intimidade, a vida privada, a honra e a imagem das pessoas.

A prova obtida em desrespeito a essa garantia constitucional é considerada ilícita, na forma do inciso LVI, art. 5º, CR/88.

Nos casos em que a própria pessoa abre mão da garantia constitucional, divulgando *sponte propria* essas informações, a prova não será considerada ilícita.

3.15. Gratuidade das Requisições

A Lei Orgânica Nacional do Ministério Público (Lei n. 8.625/93), no seu art. 26, § 3º, disciplinou que: "Serão cumpridas gratuitamente as requisições feitas pelo Ministério Público às autoridades, órgãos e entidades da Administração Pública direta, indireta ou fundacional, de qualquer dos Poderes da União, dos Estados, do Distrito Federal e dos Municípios".

Apesar de não haver norma semelhante para o Ministério Público da União, diante dos princípios da unidade e indivisibilidade, bem como da interpretação sistemática, entendemos que também para esse ramo do Ministério Público se aplica a norma acima transcrita.

3.16. Descumprimento das Requisições

Conforme já foi esclarecido, as requisições, como o próprio nome diz, não são solicitações do Ministério Público, trata-se de uma ordem legal, seu descumprimento pode configurar o crime previsto no art. 10 da Lei n. 7.347/85, ou o de desobediência previsto no art. 330 do CP[18], ou até mesmo o de prevaricação previsto no art. 319 do CP.

Esclarecemos que o desatendimento de requisição efetuada, com o propósito da defesa de interesses de pessoas portadoras de deficiência, ensejará numa pena maior, na forma preceituada pelo inciso VI, art. 8º, da Lei n. 7.853/89. O ECA (Lei n. 8.069/90), em seu art. 236, também prevê pena específica.

O dolo, direto ou eventual, é o elemento subjetivo indispensável para a configuração do delito. Também não haverá crime se o des-

---

(18) Cf. NERY JUNIOR, Nelson e ANDRADE NERY, Rosa Maria. *Código de Processo Civil comentado e legislação processual civil extravagante em vigor*. São Paulo: RT, 1997, nota 15 ao art. 8 da LACP, p. 1.145.

cumprimento foi em relação a dados que não eram indispensáveis à propositura da Ação Civil Pública.

Assim, a falta de meios materiais para atender à requisição, será uma excludente da culpabilidade. Nesse particular, a estrutura inconstitucional do Ministério Público do Trabalho, em muitos casos, dá ensejo a incidência dessa excludente, pois, como dito acima, muitas vezes, o investigado reside ou tem sua sede a mais de 600 quilômetros de distância da sede da PRT.

Por fim, é bom frisarmos que contra requisições ilegais, sempre caberá a impetração da ação mandamental[19], sendo que o membro do Ministério Público será responsabilizado civil e penalmente pelo ato arbitrário.

3.16.1. Requisição X Princípio da não auto-incriminação

Pode o investigado-requisitado se recusar a atender à requisição do Ministério Público, alegando o princípio da negativa de auto-incriminação?

A Lei n. 7.347/85, art. 10, proíbe a recusa, o retardamento ou a omissão no fornecimento de dados indispensáveis à propositura da ação civil pública.

Destarte, quem recusar, retardar ou omitir o fornecimento dos dados indispensáveis à propositura da ação, incide no tipo penal.

A regra incide para dados contidos em documentos públicos ou particulares.

In casu, o interesse do particular não pode prevalecer em detrimento do interesse de toda a sociedade.

Admitir-se que o investigado não seja obrigado a fornecer documentos que possam incriminá-lo, seria o mesmo que admitir a desne-

---

(19) PROCESSUAL E ADMINISTRATIVO — RECURSO ORDINÁRIO EM MANDADO DE SEGURANÇA — INQUÉRITO CIVIL PROMOVIDO PARA APURAR POSSÍVEL ATO DE IMPROBIDADE ADMINISTRATIVA — MANDADO DE SEGURANÇA PARA TRANCAR O ATO — IMPOSSIBILIDADE — NECESSIDADE DE DILAÇÃO PROBATÓRIA — A avaliação das circunstâncias e critérios determinantes para a instauração de inquérito civil que objetiva apuração de possível ato de improbidade administrativa demanda larga dilação probatória, inadmissível em mandado de segurança, que exige comprovação de plano. Recurso improvido. (STJ — ROMS — 12.248 — São Paulo — 1ªT. — Rel. Min. Francisco Falcão — DJU 17.9.2001 — p. 109)

cessidade de apresentar documentos aos Fiscos Federal, Estadual e Municipal, uma vez que poderiam dar ensejo à apuração de crimes tributários.

Da mesma forma, os contribuintes poderiam recusar-se a apresentar a declaração de Imposto de Renda, porque também poderia conter uma informação falsa.

É fácil perceber que chegaríamos a uma desordem total, não admitida num Estado de Direito. Os cidadãos têm garantias que lhes são concedidas pelo Estado, contudo, à medida que as garantias individuais põem em xeque a própria existência do Estado, elas sofrem restrições naturais em favor do garantidor.

Por tudo isso, fica claro que o investigado não pode recusar-se a fornecer dados com base no princípio da não auto-incriminação.

3.17. Busca e Apreensão

Comungamos do pensamento do ilustre *Hugo Nigro Mazzilli*[20], no sentido de que o membro do Ministério Público pode realizar buscas e apreensões.

São palavras do mestre (f. 155):

"As buscas e apreensões de objetos e instrumentos que tenham ligação com a lesão investigada, se não forem feitas pessoalmente pelo presidente do inquérito civil, deverão ser precedidas de mandado, expedido pela própria autoridade que dirige as investigações. Pode haver apreensão sem busca, desde que instrumentos que tenham ligação com a infração sejam apresentados espontaneamente à autoridade."

Para tanto, baseia-se nas normas contidas no art. 240 e seguintes do CPP, ressalvando que não poderão ser feitas buscas domiciliares sem prévia autorização judicial. Já em escritório ou local de trabalho de advogados, a busca deverá ter o acompanhamento de representante da OAB, conforme prevê o EOAB (Lei n. 8.906, de 4.7.1994), inciso II, art. 7º.

Levando-se em conta que o inquérito civil teve inspiração do inquérito policial, parece lógica a utilização da disposição contida no art. 240 do CPP.

---

(20) Obra citada, p. 153.

3.18. Objeto da Requisição

Tudo que possa ser de interesse do Ministério Público para a defesa dos direitos difusos, coletivos e individuais homogêneos pode ser requisitado[21].

Assim, o Ministério Público pode requisitar:

a) certidões, informações, exames, perícias e documentos (incisos II, IV e VIII, LC n. 75/93, § 1º, art. 8º, Lei n. 7.347/85, incisos I e II, art. 26, Lei n. 8.625/93);

b) realização de exames, vistorias e perícias (inciso II, LC n. 75/93, § 1º, art. 8º, da Lei n. 7.347/85, inciso I, art. 26, Lei n. 8.625/93);

c) a instauração de procedimentos administrativos, podendo acompanhá-los e produzir provas (inciso III, art. 7º, LC 75/93, inciso III, art. 26, da Lei n. 8.625/93, art. 22 da Lei n. 8.429/92);

d) instauração de inquérito policial (inciso II, art. 5º, CPP).

Hugo Nigro Mazzilli[22], baseando-se no CPC, art. 5º e 355 e seguintes do CPP, preceitua que poderá ser objeto de requisição a exibição de documento ou coisa, para fins periciais ou apreensão.

O ilustre *Paulo de Bessa Antunes*, no art. O Inquérito Civil (Considerações Críticas). *In* MILARÉ, Édis (coord.). *Ação civil pública: Lei n. 7.347/85 — 15 anos*. São Paulo: RT, p. 661, diz que: "O poder de requisição de informações e documentos de que dispõe o Ministério Público, no âmbito do inquérito civil, é extremamente vasto e já foi reconhecido pelos tribunais pátrios como direito líquido e certo, tutelável pela via mandamental."

3.19. Diligência

O inciso V, art. 8º, da Lei Complementar n. 75/93, autoriza o membro do Ministério Público, sempre que necessário ao exercício de suas funções institucionais, a realizar inspeções e diligências para, pessoalmente, colher os elementos necessários para instrução do inquérito civil.

Para tanto, terá livre acesso a qualquer local público ou privado, devendo respeitar, tão-somente, as normas constitucionais pertinentes à inviolabilidade do domicílio.

---

(21) Cf. *Nelson Nery Junior* e *Rosa Maria Andrade Nery*, obra citada, p. 1.144, nota 10 ao art. 8 da LACP.
(22) Obra citada, p. 168.

3.20. Audiência Pública

A Lei n. 8.625/93, no parágrafo único, art. 27, prevê que o Ministério Público poderá promover audiências públicas para melhor exercer as atribuições que lhe são impostas pelo ordenamento jurídico.

3.20.1. Objeto

A audiência pública é destinada a ensejar um maior debate sobre os assuntos de interesses da sociedade, envolvendo-a no processo de solução de seus problemas.

Isso implica numa participação democrática de todos os envolvidos, conseguindo, o *Parquet*, mais elementos para definir seu modo de atuação, com amplo conhecimento, na busca de solução que atenda aos anseios da sociedade.

Nas audiências públicas, o Ministério Público não se submete à vontade da sociedade, mas obtém mais informações, opiniões, propostas, até mesmo críticas, para exercer com maior legitimidade o seu dever institucional.

É de bom alvitre que seja feito um regulamento para gerir a audiência pública, porém, o mesmo não é indispensável.

Capítulo 4

PRESUNÇÃO DE VERACIDADE DAS PROVAS COLHIDAS NO INQUÉRITO CIVIL

4.1. As "Ondas" do Processo Civil

Segundo ensinamentos de *Mauro Cappelletti* e *Bryant Garth*, in *Acesso à Justiça*, tradução de *Ellen Gracie Northfleet*, Porto Alegre: Fabris, 1988, o processo civil passou por três posições básicas: 1) a primeira "onda" foi a assistência judiciária — fazer com que o pagamento de honorários advocatícios não fosse um impedimento do acesso à Justiça; 2) a segunda "onda" foi no sentido de proporcionar representação jurídica para os interesses "difusos"; e, 3) a terceira "onda" é o enfoque do acesso à justiça, que inclui as "ondas" anteriores, porém, indo além, já que tenta atacar as barreiras ao acesso de modo articulado.

Para os mesmos autores (ob. cit., p. 49/50), essa segunda "onda" de reformas forçou uma reflexão sobre as noções tradicionais básicas do processo civil e sobre os papéis dos tribunais, afirmando que o processo civil está passando por uma verdadeira revolução.

Efetivamente, dentro da concepção tradicional do processo civil, não havia espaço para a proteção dos interesses difusos e coletivos. Da antiga visão do processo entre duas partes, visando a compor interesses individuais, devemos passar para uma visão abrangente de toda a sociedade e de sua defesa de forma coletiva.

A defesa dos litígios de "direito público"[1] — vinculados com assuntos importantes de política pública que envolvem grandes grupos de pessoas e poderosos grupos econômicos — não pode ficar adstrita aos antigos conceitos e noções do processo civil.

Os mesmos autores (ob. cit., p. 50), informam que para a proteção de tais interesses, tornou-se necessária uma efetiva transformação do papel do juiz e de conceitos básicos como a "citação" e o "direito de ser ouvido", já que nem todos os titulares de direitos difusos podem

---

(1) *Expressão do Professor Chayes*, conforme citado por *Mauro Cappelletti* e *Bryant Garth*, ob. cit., p. 50.

comparecer a juízo. Ademais, para ser efetiva, a decisão deve obrigar a todos os membros do grupo, ainda que nem todos tenham sido ouvidos.

Os citados professores (ob. cit., p. 51), concluem dizendo que: "A visão individualista do devido processo judicial está cedendo lugar rapidamente, ou melhor, está se fundindo com uma concepção social, coletiva. Apenas tal transformação pode assegurar a realização dos 'direitos públicos' relativos a interesses difusos".

Continuando com os ensinamentos de *Mauro Cappelletti* e *Bryant Garth*,(op. cit., p. 77), percebemos que eles apregoam a necessidade de um juiz mais ativo "mesmo em litígios que envolvam exclusivamente duas partes, ele maximiza as oportunidades de que o resultado seja justo e não reflita apenas as desigualdades entre as partes".

Prosseguem (ob. cit., p. 78), defendendo o "Modelo de Stuttgart", do processo Alemão, que envolve as partes, advogados e juízes num diálogo oral e ativo sobre os fatos e sobre o direito.

Toda essa mudança do processo civil e do perfil do magistrado, que deve ser pró-ativo, ocorre porque os "novos direitos substantivos das pessoas comuns têm sido particularmente difíceis de fazer valer ao nível individual. As barreiras enfrentadas pelos indivíduos relativamente fracos com causas relativamente pequenas, contra litigantes organizacionais — especialmente corporações ou governos — têm prejudicado o respeito a esses novos direitos. Tais indivíduos, com tais demandas, freqüentemente não têm conhecimento de seus direitos, não procuram auxílio ou aconselhamento jurídico e não propõem ações".[2]

O professor *Kojima*, citado por *Mauro Cappelletti* (ob. cit., p. 92/93), apregoa que "a necessidade urgente é de centrar o foco de atenção no homem comum — poder-se-ia dizer no homem pequeno — e criar um sistema que atenda suas necessidades".

O mestre *José Carlos Barbosa Moreira*, no artigo "Por um Processo Socialmente Efetivo", publicado na *Revista Síntese de Direito Civil e Processual Civil* n. 11, mai./jun./2001, p. 5, preceitua que:

"Um dos grandes desafios do processo socialmente orientado é o desequilíbrio de forças que logo de início se exibe entre as partes litigantes, a comprometer em regra a igualdade de oportunidades de êxito no pleito. Como bem se compreende, ressalta particularmente o aspecto econômico, que todavia está longe de ser o único. Antes mesmo dele, põe-se um problema de ordem

---

(2) Cf. CAPPELLETTI, Mauro e GARTH, Bryant. Ob. cit., p. 92.

cultural. O baixo nível de cultura constitui, aqui como em tudo, fator de marginalização. Para um analfabeto ou semi-analfabeto, são notórias as desvantagens nesta espécie de competição, a começar pelo déficit informativo, que tantas vezes lhe dificulta ou até veda a noção de seus direitos e da possibilidade de reclamar satisfação por via civilizada."

José Carlos Barbosa Moreira prossegue falando sobre a necessidade de mudança de postura quanto à instrução probatória:

"Para tocar ponto sensível da matéria, cabe dizer algumas palavras sobre a instrução probatória. Como sabemos todos, raríssimos são os pleitos que se julgam à luz da solução de puras questões de direito: na imensa maioria dos casos, a sorte das partes depende do que se prove nos autos acerca dos fatos relevantes. Ora, é intuitivo que o litigante economicamente mais forte em geral acha maior facilidade em munir-se de provas.

Ainda em matéria probatória, convém dar aqui ênfase particular à necessidade de que o órgão judicial não se furte ao exercício oficioso dos poderes instrutórios de que a lei o investe. É uma recomendação que vale, em linha de princípio, para todo e qualquer pleito, mas que se torna especialmente oportuna quando se cuida do interesse de litigante falta de meios.

Veja-se, por exemplo, o caso do art. 399, do CPC, de acordo com o qual o juiz requisitará às repartições públicas as certidões necessárias à prova das alegações das partes. Forte corrente jurisprudencial costuma dar entendimento redutivo a essa norma, considerando que ela só deve aplicar-se ante a demonstração de que seria impossível ou extremamente difícil ao litigante obter por si mesmo a certidão. Ora, mostra a experiência que o hipossuficiente em geral se defronta aí com sérias dificuldades. Basta pensar nas distâncias que precisa vencer para ir da residência ou do local de trabalho à repartição pública, na escassez de tempo disponível para tratar do assunto, nas inibições psicológicas e culturais que o tolhem... Afigura-se justo reconhecer quando menos uma presunção de necessidade em seu favor."

Nesse aspecto, o doutrinador conclui que:

"O que se acaba de dizer põe de manifesto quão importante, para a efetividade social do processo, é a maneira por que o conduza o órgão judicial. A lei concede ao juiz muitas oportunidades de intervir no sentido de atenuar desvantagens relacionadas com a disparidade de armas entre os litigantes. Todavia, uma coisa é o que reza a lei, outra o que dela retira o órgão processante."

Para rebater os argumentos de que uma condução socialmente orientada do processo poderia levar ao comprometimento da imparcialidade do magistrado, *José Carlos Barbosa Moreira* assevera que:

> "Cumpre neste passo prevenir objeção de alguma relevância. A certos espíritos parecerá que uma condução socialmente orientada do feito se presta a incorrer na censura de parcialidade: o juiz estaria fazendo pender indevidamente um dos pratos da balança para o lado em que se situa a parte mais fraca e violando, com isso, o dever de proporcionar a ambas igualdade de tratamento (CPC, art. 125, I).
>
> Não uma, senão inúmeras vezes, já se proclamou, em fórmulas bem conhecidas, que o verdadeiro critério da igualdade consiste em tratar desigualmente os desiguais, na medida em que desigualam. Também já se repetiu de sobejo que a tentativa de realizar a justiça não pode contentar-se com a igualdade formal, senão que reclama a igualdade material. A questão está em que quase todos concordam em tese com essas afirmações, mas se rebelam quando, numa hipótese determinada, se pretende extrair delas conseqüências concretas."

O articulista continua escrevendo sobre a necessidade de que os juízes efetivamente se empenhem para que o processo realmente atenda a sua função social:

> "Na verdade, nenhum sistema processual, por mais bem inspirado que seja em seus textos, se revelará socialmente efetivo se não contar com juízes empenhados em fazê-lo funcionar nessa direção. Qualquer discussão da matéria passa obrigatoriamente pela consideração dos poderes do órgão judicial na direção do processo. É patente a tendência ao incremento de tais poderes nas reformas recentes da legislação brasileira. E o fenômeno está longe de restringir-se ao nosso ordenamento. Agora mesmo, acha-se em curso no Parlamento alemão projeto de reforma da Zivilprozessordnung, que, entre outras coisas, mais acentua a responsabilidade do juiz pelo esclarecimento cabal dos fatos, previsto no § 139, reforçando-lhe o dever de incitar as partes a manifestar-se tempestiva e completamente sobre todos os fatos relevantes, suprir deficiências dos dados, indicar provas e formular os pedidos cabíveis. É ocioso frisar a importância de disposições desse teor para um programa tedente a imprimir maior efetividade social ao processo.
>
> Não vamos reincidir, porém, na ingênua ilusão de supor que só com textos se resolva tudo. A grande questão está em saber em que medida e sentido hão de ser exercitados pelo juiz os pode-

res de que a lei o investe. Com isso recaímos no antigo e sempre atual problema da formação dos magistrados.

Ocupa-se do assunto a reforma constitucional em andamento, no que tange à Justiça. Exige três anos de experiência em atividade jurídica, no mínimo, para a inscrição do bacharel em concurso para o cargo inicial da carreira; prevê a criação de cursos oficiais de preparação, aperfeiçoamento e promoção de magistrados; faz da participação em curso oficial ou reconhecido etapa indispensável do processo de vitaliciamento. São medidas louváveis, mas ainda tímidas."

Finalmente, *José Carlos Barbosa Moreira* apregoa sobre a necessidade de não se descuidar da preparação do juiz para o exercício da judicatura:

"O domínio da técnica jurídica é predicado de que jamais se poderá prescindir num juiz; está longe, contudo, de ser bastante. Preparação adequada teria de incluir certa familiaridade com outros ramos do conhecimento humano, como a sociologia e a ciência política. As escolas de magistratura podem e devem tentar suprir lacunas e abrir novas perspectivas. Precisamos de juízes compenetrados da relevância social de sua tarefa e das repercussões que o respectivo desempenho produz no tecido da sociedade. Em época de crises reiteradas e de transformações profundas, como esta em que vivemos, o juiz vê-se convocado a dar mais que o mero cumprimento pontual de uma rotina burocrática. Por difícil que lhe seja, com a carga de trabalho que o oprime, corresponder a esse chamamento, não há como exonerá-lo de uma responsabilidade que a ninguém mais se poderia atribuir. Pois a verdade é que, sem a sua colaboração, por melhores leis que tenhamos, jamais lograremos construir um processo socialmente efetivo."

Retornando-se o foco no Ministério Público do Trabalho, que atua essencialmente na defesa do "homem comum — trabalhador", percebe-se o seu papel fundamental para corrigir distorções no meio ambiente do trabalho, nas fraudes trabalhistas (cooperativas irregulares — *coopergatos, cooperfraudes*, falsa parceria agrícola, falsos estagiários, etc.), em jornadas extenuantes e todas as mazelas que são engendradas para prejudicar o "homem comum", não só por pessoas privadas (físicas ou jurídicas), mas também por pessoas de direito público, que contratam sem a observância do princípio do certame público e alegam em sua defesa a própria torpeza.

Ainda na seara do Ministério Público do Trabalho, é bom frisar que estamos vivenciando um ambiente de desemprego estrutural, decorrente da evolução dos meios de produção, com a automação de máquinas e desenvolvimento de novas tecnologias, havendo um grande contingente de mão-de-obra que sequer tem acesso ao mercado de trabalho.

O desemprego estrutural é agravado com a política econômica ortodoxa de juros escorchantes que é imposta pelos organismos internacionais, criados ou agasalhados pelo capital especulativo, seja através da globalização, seja através da teoria do fato consumado ou ausência de alternativas, como se a nação brasileira estivesse condenada a ficar eternamente nesse quadro de exclusão social.

Essa situação de exclusão social é mantida através dos nossos economistas "cabeça de planilha"[3], os quais são formados pelas universidades financiadas pelo mesmo capital especulativo, com o nítido propósito de manter o *status quo*.

Posterga-se, assim, o resgate da dívida social brasileira para com os cidadãos menos favorecidos, maiores vítimas da concentração de renda inaceitável que ocorre no mundo, de forma mais célere após a queda do muro de Berlim.

Podemos afirmar, destarte, sem medo de errar, que a política de juros altos, a globalização, e a obrigatoriedade do pagamento de direitos autorais sobre remédios e invenções — que tiveram a participação de toda a raça humana — são uma nova forma de transferência da *mais valia*.

Por tudo isso, cremos que a democracia existente no mundo é apenas formal, não material, pois, mudam-se os governos, mas não se muda a forma de governar.

Portanto, nesse quadro de exclusão social mundial, fica difícil imaginar que um trabalhador vá defender direitos "coletivos", se mal consegue garantir o seu sustento.

Sem dúvida, o "homem comum", o "homem pequeno" não tem condições de litigar contra grandes corporações ou mesmo contra entes públicos, que possuem um desenvolvido corpo jurídico e não sofrem prejuízos volumosos com a enorme espera pelo comando judicial, ao contrário do trabalhador, que, como é de conhecimento do povo brasileiro, só se socorre da Justiça do Trabalho quando está desempregado, daí a razão de se dizer que a Justiça do Trabalho é uma justiça de desempregados.

---

(3) Expressão utilizada pelo jornalista *Luís Nassif.*

Um sistema processual destinado a dar atendimento aos "homens comuns" ou "homens pequenos" deve estar alicerçado em baixos custos, informalidade, rapidez, utilização de conhecimentos técnicos bem como jurídicos e julgadores ativos[4], *in casu*, o Ministério Público do Trabalho pode desenvolver esse papel e tirar a pecha da Justiça do Trabalho de que é uma Justiça só para desempregados.

Mauro Cappelletti e *Bryant Garth*, ob. cit., p. 156, informam que:

"Já se percebeu, no passado, que procedimentos especiais e julgadores especialmente sensíveis são necessários quando a lei substantiva é relativamente nova e se encontra em rápida evolução. Aos juízes regulares pode faltar a experiência e sensibilidade necessárias para ajustar a nova lei a uma ordem social dinâmica, e os procedimentos judiciais podem ser pesados demais para que se lhes confie a tarefa de executar e, até certo ponto, adaptar e moldar importantes leis novas. O que é novo no esforço recente, no entanto, é a tentativa, em larga escala, de dar direitos efetivos aos despossuídos contra os economicamente poderosos: a pressão, sem precedentes, para confrontar e atacar as barreiras reais enfrentadas pelos indivíduos. Verificou-se ser necessário mais que a criação de cortes especializadas; é preciso também cogitar de novos enfoques do processo civil."

Está na hora de simplificar o direito[5], para que ele atenda aos anseios do "homem comum", tão vilipendiado por toda e História da humanidade.

Nesse contexto, à semelhança do que ocorre em outros países, o Ministério Público, dentro de seu novo delineamento pelos diversos países, especialmente na questão dos direitos difusos, pode exercer o papel do juiz ativo em defesa desses direitos. Papel esse já reconhecido pela Constituição da República de 1988.

4.2. Valor das Provas Colhidas no Inquérito Civil

Como já tivemos oportunidade de dizer, o inquérito civil é o instrumento através do qual o membro do Ministério Público vai formar a sua convicção sobre a veracidade ou não dos fatos apontados na representação inicial.

Convencendo-se de que a denúncia é procedente, abre-se ao membro do Ministério Público duas alternativas: 1) tentar obter do in-

---
(4) Cf. CAPPELLETTI, Mauro e GARTH, Bryant. Ob. cit., p. 93.
(5) Cf. CAPPELLETTI, Mauro e GARTH, Bryant. Ob. cit., p. 156.

quirido o compromisso de ajustamento de conduta aos termos legais; 2) propor a ação civil pública.

Escolhida a segunda alternativa, ou seja, ajuizamento da ação civil pública, qual será o valor probante das provas colhidas no inquérito civil?

Bem sabemos que o juiz, com base no princípio da persuasão racional (art. 131, do CPC), apreciará livremente a prova, atendendo aos fatos e circunstâncias constantes dos autos, indicando, na sentença, os motivos que lhe formaram o convencimento.

Tratando-se o inquérito civil de um poderosíssimo instrumento colocado à disposição do *Parquet* para formar seu convencimento em relação à existência de lesão de caráter coletivo, contribui sobremaneira para a solução das lides coletivas e para desafogar o Poder Judiciário, razão pela qual deve ser prestigiado e não relegado. Prestigiá-lo é dar presunção relativa às provas colhidas no seu curso, cabendo à parte contrária o ônus de impugná-las de forma consistente, principalmente com relação a eventual vício de consentimento de depoimentos colhidos.

De mais a mais, o Poder Constituinte de 1988 alçou o inquérito civil ao nível constitucional, art. 129, colocando-o entre as funções institucionais do Ministério Público.

Sendo instrumento respaldado pela Lei Maior e diante das novas atribuições conferidas ao Ministério Público pela CR/88, seria um contra-senso que a prova colhida no curso do inquérito civil não gozasse de presunção relativa.

Ainda que de forma incipiente, nossos tribunais vêm respaldando tal entendimento, conforme já foi decidido pelo TRT da 2ª Região, *in verbis*:

"AÇÃO RESCISÓRIA — AUTOR — MINISTÉRIO PÚBLICO DO TRABALHO — COLUSÃO ENTRE AS PARTES

É competente o Ministério Público do Trabalho para propor ação rescisória que tem por finalidade desconstituir acordo judicial firmado entre partes, quando comprovada a colusão entre as mesmas, em vista do estabelecido no art. 485, inciso III, do Código de Processo Civil, conjugado com o art. 487, inciso III, *b*, do mesmo estatuto processual. Se restou comprovado colusão de partes, não elidida pela prova dos autos, há que se deferir o pleito rescisório, *até porque a presunção de veracidade, contida no procedimento investigatório realizado junto ao Ministério Público do Trabalho, decorre da própria Constituição Federal, que atribui ao parquet a missão de ser o guardião da ordem jurídica, do regime democrático e dos interesses sociais e individuais indisponíveis (art. 127)"* (TRT 2ª Região — AR 00665/1998-7, Ac. SDI 01625/1999-7, 18.10.99, Autor: Ministério Público do Trabalho — Réu: Rubens Pereira Cardoso e CGK Engenharia e Empreendimentos Ltda — Rel. Juiz Nelson Nazar — LTr 64-07/935).

O Egrégio Tribunal Superior do Trabalho, por meio de sua quarta turma, nos autos de Embargos a Recurso de Revista n. 334666 ANO: 1996, relator Ministro *Carlos Alberto Reis de Paula*, já decidiu que:

> "VIOLAÇÃO DO ART. 896 DA CLT NÃO CONFIGURADA — ADICIONAL DE INSALUBRIDADE — PROVA EMPRESTADA — PERÍCIA DESNECESSÁRIA — Ausência de afronta à literalidade do art. 195, § 2º, da CLT ante a razoabilidade da tese recorrida (Enunciado n. 221/TST) ao utilizar relatório e conclusão de Inquérito Civil Público constante dos autos (instaurado pelo Ministério Público Estadual visando apurar o comprometimento do nível sensorial auditivo de empregados com atividades laborativas na Fábrica de Cigarros Souza Cruz, com sede em Belém, em face do ruído das máquinas de produção) com fulcro no art. 427 do CPC. Embargos não conhecidos" (TST-E-RR-334.666/96.2, Embargante SOUZA CRUZ S/A e Embargado SINDICATO DOS TRABALHADORES NA INDÚSTRIA DO FUMO NO ESTADO DO PARÁ — SINDIFUMO).

Como se vê, admitiu-se, em ação na qual se discutia o trabalho em condições insalubres, como emprestada a prova colhida no inquérito civil.

O mesmo Egrégio Tribunal Superior do Trabalho também já decidiu que:

> "1. Não fere direito líquido e certo a concessão de liminar em ação civil pública sustando a intermediação fraudulenta de mão-de-obra por cooperativa, quando conta com sólido respaldo fático e jurídico.
>
> 2. *In casu*, a ação civil pública foi lastreada em minucioso procedimento investigatório levado a cabo pelo Ministério Público, com ampla dilação probatória, em que os próprios prepostos da empresa e cooperativa investigadas reconheceram que a cooperativa só prestava serviços para essa empresa de calçados, com os cooperados laborando na atividade-fim da empresa, com seu maquinário e matéria-prima por ela fornecida, submetidos a metas produtivas impostas pela empresa. Assim, além desse respaldo fático, a liminar deferida gozava do suporte jurídico da autorização do art. 12 da Lei n. 7.347/85 e da existência de norma jurídica malferida pelas Reclamadas, qual seja, o art. 4º da Lei n. 5.764/71, que estabelece os princípios norteadores das cooperativas, desvirtuados pela camuflagem da nítida relação de emprego existente entre cooperados e a empresa na qual efetivamente laboravam.
>
> 3. Convém destacar que a disciplina das liminares e da tutela antecipada em sede de ação civil pública proposta pelo Ministério Público do Trabalho em defesa de interesses coletivos é distinta dos processos meramente individuais, pois dispondo o Ministério Público de amplo po-

der investigatório, instrui a ação civil pública com os autos do inquérito civil público nos quais se oferece ampla possibilidade de defesa, justificação e composição com os inquiridos, não havendo que se falar em ausência do contraditório.

4. Ademais, a liminar e a tutela antecipada são o veículo oportuno para se dar celeridade à prestação jurisdicional nas ações de caráter coletivo, quando patente o descumprimento do ordenamento jurídico trabalhista e urgente a correção da ilegalidade, pelos efeitos danosos que provoca na sociedade. Recurso ordinário provido" (Recurso Ordinário em Mandado de Segurança n. TST-ROMS-647470/00.2, em que é Recorrente Ministério Público do Trabalho da 7ª REGIÃO, Recorrida COINARA COOPERATIVA INDUSTRIAL ARACATI LTDA. e Autoridade Coatora JUIZ-PRESIDENTE DA JCJ DE LIMOEIRO DO NORTE Relator Ministro Ives Gandra Martins Filho — Subseção II Especializada em Dissídios Individuais, 5.6.2001).

Já o Egrégio Tribunal Regional do Trabalho da 5ª Região, em decisão que deve ser festejada, decidiu que:

"Empregado despedido por motivação ilícita, objeto de inquérito civil público instaurado pelo Ministério Público do Trabalho para apuração da conduta empresarial, deve ser reintegrado, tornando nula a despedida" (TRT 5ª R. — RO 42.01.01.0710-50 — (14.222/02) — 5ª T. — Relª Juíza Maria Adna Aguiar — J. 9.7.2002).

O TRF da 5ª Região já decidiu que:

"APOSENTADORIA POR IDADE — TRABALHADOR RURAL — CONCESSÃO — COMPROVAÇÃO DA ATIVIDADE RURAL — PROVA TESTEMUNHAL — INÍCIO DE PROVA DOCUMENTAL — DECLARAÇÃO DO SINDICATO HOMOLOGADA PELO MINISTÉRIO PÚBLICO — DOCUMENTO IDÔNEO — DESNECESSIDADE DE RECONHECIMENTO DE FIRMA DE MEMBRO DO MINISTÉRIO PÚBLICO — LEI N. 8.213/91 — LEI N. 9.063/95 — Segundo o art. 202, I, da Constituição Federal em vigor, bem como o art. 48, § 1º, da Lei n. 8.213/91, a aposentadoria por idade será devida ao segurado, trabalhador rural, que completar 60 anos, se homem, e 55 anos, se mulher. A MP n. 598, de 31.8.1994 e a Lei n. 9.063/95, modificaram a Lei n. 8.213/91 no sentido de não mais acolher como comprovação do exercício de atividade rural a declaração do sindicato dos trabalhadores rurais, homologada pelo representante do Ministério Público, e sim pelo próprio INSS. A declaração, acostada aos autos, pelo segurado, do sindicato homologada pelo Promotor de Justiça, com data posterior às referidas alterações se não se presta ao fim legal previsto, ao menos é válida como início de prova documental. Não é a perda de eficácia do documento que toma inverídico o seu conteúdo. Improcede a alegação de que a declaração apresentada, por não haver firma reconhecida dos seus subscritores, inclusive do membro do Ministério Público, é inválida para qualquer fim. *Os atos praticados pelo "parquet" gozam de fé pública e presumem-se verdadeiros até prova em contrário*. O magistrado deve julgar de acordo com o princípio da persuasão racional, formando o seu livre convencimento, baseando-se nos elementos probatórios trazidos e exame. Diante disto, não se pode idoneidade dos depoentes. Precedentes desta e. Corte. Comprovada a idade exigida e a condição de trabalhador rural do segurado, há de ser concedido o benefício de aposentadoria rural por idade" (TRF 5ª R. — AC 121.897 — CE — 1ª T. — Rel. Juiz José Maria Lucena — DJU 20.03.1998) (grifamos).

Sobre o valor probante do inquérito civil, o egrégio Superior Tribunal de Justiça, já decidiu que:

"PROCESSO CIVIL — AÇÃO CIVIL PÚBLICA — INQUÉRITO CIVIL: VALOR PROBATÓRIO — REEXAME DE PROVA: SÚMULA N. 7/STJ.

1. O inquérito civil público é procedimento facultativo que visa colher elementos probatórios e informações para o ajuizamento de ação civil pública.

2. As provas colhidas no inquérito têm valor probatório relativo, porque colhidas sem a observância do contraditório, mas só devem ser afastadas quando há contraprova de hierarquia superior, ou seja, produzida sob a vigilância do contraditório.

3. A prova colhida inquisitorialmente não se afasta por mera negativa, cabendo ao juiz, no seu livre convencimento, sopesá-las.

4. Avanço na questão probatória que esbarra na Súmula 7/STJ.

5. Recursos especiais improvidos."

RECURSO ESPECIAL N. 476.660 — MG (2002/0151838-7), 2ª Turma, Relatora: Ministra Eliana Calmon, acórdão de 20.05.2003. Recorrente: Ministério Público do Estado de Minas Gerais. Recorrente : Estado de Minas Gerais. DJU de 4.8.2003, p. 274.

Do v. acórdão constam os seguintes fundamentos:

"O que se apura no inquérito civil público tem validade e eficácia para o Judiciário, concorrendo para reforçar o entendimento do julgador, quando em confronto com as provas produzidas pela parte contrária.

(...)

para serem afastadas as provas unilateralmente produzidas pelo parquet, em inquérito civil público, é preciso que sejam contrastadas com contraprova que, se colhida sob as garantias do contraditório, passam a ocupar posição de hierarquia superior.

(...)

A prova produzida no inquérito não precisa ser repetida em juízo, senão quando impugnada pela outra parte e entender o julgador que tem pertinência a impugnação." (grifamos)

Sem dúvida alguma, essa decisão vai ao encontro do processo civil moderno.

No âmbito da Justiça do Trabalho, merece destaque a decisão proferida pelo E. TRT da 10ª Região, RO 00395-2003-005-10-00-9 — Ac. 1ª T., 20.04.04, Relatora Juíza Elke Doris Just, no qual se discutia a validade da prova colhida no inquérito civil, no qual foi asseverado que:

> "Os fatos, em essência, não são negados em defesa, o que dispensa outras provas. Ademais, a inicial veio acompanhada de cópia dos procedimentos investigatórios com depoimentos registrados."

Tais registros de depoimentos não sofreram qualquer impugnação em seu teor, por ocasião da defesa. Tampouco em sede recursal há impugnação específica ao teor das declarações mas apenas referências à falta de contraditório no procedimento investigatório e ao número restrito de depoimentos.

Ora, os réus não produziram nenhuma prova desconstituidora dos registros documentais e não foram impedidos a tanto, conforme se verifica da ata de fl. 269.

Está correto o Ministério Público ao dizer que "a prova colhida na Procuradoria Regional do Trabalho goza de presunção de legitimidade, por força da competência constitucional deferida ao Ministério Público para instaurar o Inquérito Civil Público e do princípio da legalidade, que presidiu a formação dos atos praticados." (fl. 416)

Mais uma vez, os réus não sustentam a falta de veracidade dos depoimentos registrados no inquérito e nenhuma prova produziram no sentido de desconstituir os registros tomados. São eficazes, portanto, os registros.

Prestigiou-se, portanto, a prova colhida no inquérito civil, já que o réu não trouxe elementos suficientes para infirmá-la.

Sobre o inquérito civil e o novo papel do Ministério Público, o ilustre *Paulo de Bessa Antunes*, no artigo "O Inquérito Civil (Considerações Críticas)". *In* MILARÉ, Édis (coord.). *Ação civil pública: Lei n. 7.347/85 — 15 anos*. São Paulo: RT, p. 661/662, afirma:

> "O perfil constitucional do Ministério Público impõe-lhe a obrigação da imparcialidade na condução do inquérito civil, pois uma de suas mais nobres funções é a da defesa do Estado Democrático de Direito. Fato é que, tanto o denunciante como o denunciado são, igualmente, contribuintes e, em tal condição, merecem do Ministério Público a apuração isenta e imparcial dos fatos."

Prossegue o citado autor: "O inquérito civil não pode ser utilizado como um instrumento de perseguição ou de inviabilização de empreendimentos econômicos, muito menos deve permanecer como uma espada de *Dâmocles* apontada contra empreendedores".

Estando o membro do Ministério Público obrigado a atuar com imparcialidade e não sendo o inquérito civil um instrumento de perseguição, já que exerce o papel de um magistrado ativo — magistrado inquirente, a toda evidência, a prova colhida no seu curso deve ser prestigiada.

Por outro lado, é bom que se diga que o inquérito civil é um instrumento que está de acordo com a nova tendência do processo civil, ou seja, a tutela coletiva. Assim, o processo deve ser apto para atender aos anseios da sociedade, resolvendo de modo rápido e preciso as causas que demandam tratamento uniforme.

Efetivamente, a tendência é a "molecularização" das demandas, e não sua "atomização", conforme apregoa o mestre *Kazuo Watanabe*, para quem todo o sistema de tutela coletiva foi construído com o escopo de "tratar molecularmente os conflitos de interesses coletivos, em contraposição à técnica tradicional de solução atomizada, para com isso conferir peso político maior às demandas coletivas, solucionar mais adequadamente os conflitos coletivos, evitar decisões conflitantes e aliviar a sobrecarga do Poder Judiciário, atulhado de demandas fragmentárias" (*Código Brasileiro de Defesa do Consumidor comentado*. 5ª ed. Rio de Janeiro : Forense, p. 631).

Nesse sentido, podemos citar o seguinte acórdão:

"1. MINISTÉRIO PÚBLICO DO TRABALHO-LEGITIMIDADE PARA PROPOR AÇÃO CIVIL PÚBLICA: O Ministério Público do Trabalho tem legitimidade para promover, no âmbito da Justiça do Trabalho, ação civil pública para defesa de interesses coletivos, quando desrespeitados os direitos sociais constitucionalmente garantidos. Inteligência dos arts. 127 e 129 da Constituição Federal e art. 83 da Lei Complementar n. 75/93. 2. MINISTÉRIO PÚBLICO DO TRABALHO — DEFESA DE INTERESSES RELEVANTES E INDISPONÍVEIS: A tendência mundial do Direito moderno, inaugurada no Encontro de Florença, presidido por Mauro Cappelletti, em 1975, é a de coletivizar as soluções decorrentes dos conflitos entre pessoas. A ação civil pública é um remédio eficaz e abrangente para a solução de tais conflitos, nada impedindo que seja proposta para pretensões condenatórias e de obrigações de fazer e não fazer. Há longa data que se pacificou o entendimento de que a ação civil pública é cabível na Justiça do Trabalho, com certas adaptações procedimentais, eis que compatível com princípios informadores do processo obreiro. É veículo rápido de solução dos conflitos e, por ser abrangente, deve ser prestigiado. Segurança que se denega" (TRT 2ª Região —

TUTELA COLETIVA

Processo: SDI — 00741/2000-2. Espécie : MANDADO DE SEGURANÇA — Acórdão: 2000017094 — DO de 15.09.2000 — Relator Juiz Nelson Nazar — Impetrante: Viação Aérea de São Paulo S/A — VASP — Impetrado: Ato do Exmo. Sr. Juiz da MM. 14ª. Vara do Trabalho de São Paulo — Litisconsorte: Ministério Público do Trabalho).

Por tudo o que aqui foi dito, fica a certeza de que o inquérito civil vem ao encontro da nova tendência do processo civil, tratando-se de poderosíssimo instrumento para a defesa da tutela coletiva, na qual deve prevalecer o interesse da sociedade, do "homem comum", do "homem pequeno", não das grandes corporações, razão pela qual a prova colhida nesse procedimento deve gozar de presunção relativa.

Finalmente, devemos frisar que a interpretação de que a prova colhida no inquérito civil goza de presunção relativa, não representa nenhum risco à garantia do contraditório e da ampla defesa, já que o mesmo será garantido no curso da ação civil pública (contraditório diferido).

CONSIDERAÇÕES FINAIS

Após a edição da Lei da Ação Civil Pública e, principalmente, após a Constituição da República de 1988, o Ministério Público consolidou-se como uma das mais importantes instituições jurídicas do país, passando por uma reengenharia na sua atuação, especialmente na área cível, na qual a função órgão agente tem papel preponderante. O *Parquet* passou a ser o verdadeiro advogado da sociedade, em muitos aspectos de maneira muito parecida com o ombudsman escandinavo.[1]

Por meio do uso de suas novas atribuições, dando ênfase ao órgão agente, o *Parquet* mexe com problemas sociais graves do país, que nunca foram atacados, escancarado-os para que a sociedade saiba o que efetivamente acontece.

Esse posicionamento, que pode muito bem ser classificado como de um "juiz ativo", na expressão italiana "magistrado *inquirente*", na defesa da sociedade, não é admirado por todos os setores dessa mesma sociedade, principalmente pelo meio político, já que seus velhos "caciques" são os principais alvos da atuação do órgão agente.

Ao combater as mazelas sociais, o *Parquet* acaba, de modo indireto, interferindo nas políticas públicas, uma vez que, necessariamente, são canalizados recursos para corrigi-las.

Destarte, o Ministério Público tem papel fundamental na distribuição da Justiça, principalmente do Direito Social, especialmente para que os direitos especiais e privilégios sejam distribuídos de acordo com sistemas políticos de pesos e contrapesos. Assim, apesar de atuar na defesa de toda a sociedade, o Ministério Público deve centralizar foco nos interesses dos excluídos, daquela parcela que não consegue acesso à Justiça, principalmente nas causas que garantam uma melhor qualidade de vida a esses excluídos.

---

1 Cf. MACEDO JÚNIOR, Ronaldo Porto. "O Quarto Poder e o Terceiro Setor. O Ministério Público e as Organizações Não Governamentais sem Fins Lucrativos — Estratégias para o Futuro". *Ministério Público II — Democracia*. São Paulo: Atlas, 1999, p. 254.

Considerando-se, que o "homem comum", em razão do processo histórico de exclusão, não tem condições de litigar, em igualdade de condições, para defender seus direitos, nada mais justo que o Ministério Público o faça por ele.

Assim, conclui-se que o Ministério Público, no ordenamento jurídico brasileiro, deve exercer o papel do magistrado ativo, com isenção, mas com atuação incisiva na defesa dos direitos do "homem comum", na busca de uma sociedade mais justa e perfeita.

JURISPRUDÊNCIA

COMISSÃO PARLAMENTAR DE INQUÉRITO — PODERES DE INVESTIGAÇÃO (CF, ART. 58, §3º) — LIMITAÇÕES CONSTITUCIONAIS — LEGITIMIDADE DO CONTROLE JURISDICIONAL — POSSIBILIDADE DE A CPI ORDENAR, POR AUTORIDADE PRÓPRIA, A QUEBRA DOS SIGILOS BANCÁRIO, FISCAL E TELEFÔNICO — NECESSIDADE DE FUNDAMENTAÇÃO DO ATO DELIBERATIVO — DELIBERAÇÃO DA CPI QUE, SEM FUNDAMENTAÇÃO, ORDENOU MEDIDAS DE RESTRIÇÃO A DIREITOS — MANDADO DE SEGURANÇA DEFERIDO. COMISSÃO PARLAMENTAR DE INQUÉRITO — COMPETÊNCIA ORIGINÁRIA DO SUPREMO TRIBUNAL FEDERAL. — Compete ao Supremo Tribunal Federal processar e julgar, em sede originária, mandados de segurança e *habeas corpus* impetrados contra Comissões Parlamentares de Inquérito constituídas no âmbito do Congresso Nacional ou no de qualquer de suas Casas. É que a Comissão Parlamentar de Inquérito, enquanto projeção orgânica do Poder Legislativo da União, nada mais é senão a *longa manus* do próprio Congresso Nacional ou das Casas que o compõem, sujeitando-se, em conseqüência, em tema de mandado de segurança ou de *habeas corpus*, ao controle jurisdicional originário do Supremo Tribunal Federal (CF, art. 102, I, *d* e *i*). Precedentes. O CONTROLE JURISDICIONAL DE ABUSOS PRATICADOS POR COMISSÃO PARLAMENTAR DE INQUÉRITO NÃO OFENDE O PRINCÍPIO DA SEPARAÇÃO DE PODERES. — A essência do postulado da divisão funcional do poder, além de derivar da necessidade de conter os excessos dos órgãos que compõem o aparelho de Estado, representa o princípio conservador das liberdades do cidadão e constitui o meio mais adequado para tornar efetivos e reais os direitos e garantias proclamados pela Constituição. Esse princípio, que tem assento no art. 2º da Carta Política, não pode constituir e nem qualificar-se como um inaceitável manto protetor de comportamentos abusivos e arbitrários, por parte de qualquer agente do Poder Público ou de qualquer instituição estatal. — O Poder Judiciário, quando intervém para assegurar as franquias constitucionais e para garantir a integridade e a supremacia da Constituição, desempenha, de maneira plenamente legítima, as atribuições que lhe conferiu a própria Carta da República. O regular exercício da função jurisdicional, por isso mesmo, desde que pautado pelo respeito à Constituição, não transgride o princípio da separação de poderes. Desse modo, não se revela lícito afirmar, na hipótese de desvios jurídico-constitucionais nas quais incida uma Comissão Parlamentar de Inquérito, que o exercício da atividade de controle jurisdicional possa traduzir situação de ilegítima interferência na esfera de outro Poder da República. O CONTROLE DO PODER CONSTITUI UMA EXIGÊNCIA DE ORDEM POLÍTICO-JURÍDICA ESSENCIAL AO REGIME DEMOCRÁTICO. — O sistema constitucional brasileiro, ao consagrar o princípio da limitação de poderes, teve por objetivo instituir modelo destinado a impedir a formação de instâncias hegemônicas de poder no âmbito do Estado, em ordem a neutralizar, no plano político-jurídico, a possibilidade de dominação institucional de qualquer dos Poderes da República sobre os demais órgãos da soberania nacional. Com a finalidade de obstar que o exercício abusivo das prerrogativas estatais possa conduzir a práticas que transgridam o regime das liberdades públicas e que sufoquem, pela opressão do poder, os direitos e garantias individuais, atribuiu-se, ao Poder Judiciário, a função eminente de controlar os excessos cometidos por qualquer das esferas governamentais, inclusive aqueles praticados por Comissão Parlamentar de Inquérito, quando incidir em abuso de poder ou em desvios inconstitucionais, no desempenho de sua competência investigatória. OS PODERES DAS COMISSÕES PARLAMENTARES DE INQUÉRITO, EMBORA AMPLOS, NÃO SÃO ILIMITADOS E NEM ABSOLUTOS. — Nenhum dos Poderes da República está acima da Constituição. No regime político que consagra o Estado democrático de direito, os atos emanados de qualquer Comissão Parlamentar de Inquérito, quando praticados com desrespeito à Lei Fundamental, submetem-se ao controle jurisdicional (CF, art. 5º, XXXV). As Comissões Parlamentares de Inquérito não têm mais poderes do que aqueles que lhes são outorgados pela Constituição e pelas leis da República. É essencial reconhecer que os poderes das Comissões Parlamentares de Inquérito — precisamente porque não são absolutos — sofrem as restrições impostas pela Constituição da República e encontram limite nos direitos fundamentais do cidadão, que só podem ser afetados nas hipóteses e na forma que a Carta Política estabelecer. Doutrina. Precedentes. LIMITAÇÕES AOS PODERES INVESTIGATÓRIOS DA COMISSÃO PARLAMENTAR DE INQUÉRITO. — A Constituição da República, ao outorgar às Comissões Parlamentares de Inquérito "poderes de investigação próprios das autoridades judiciais" (art. 58, § 3º), claramente delimitou a natureza de suas atribuições institucionais, restringindo-as, unicamente, ao campo da indagação probatória, com absoluta exclusão de quaisquer outras prerrogativas que se incluem, ordinariamente, na esfera de competência dos magistrados e Tribunais, inclusive aquelas que decorrem do poder geral de cautela conferido aos juízes, como o poder de decretar a indisponibilidade dos bens pertencentes a pessoas sujeitas à investigação parlamentar. A circunstância de os poderes investigatórios de uma CPI serem essencialmente limitados levou a jurisprudência constitucional do Supremo Tribunal Federal a advertir que as Comissões Parlamentares de Inquérito não podem formular acusações e nem punir delitos (RDA 199/205, Rel. Min. Paulo Brossard), nem desrespeitar o privilégio contra a auto-incriminação que assiste a qualquer indiciado ou testemunha (RDA 196/197, Rel. Min. Celso de Mello — HC

79.244-DF, Rel. Min. Sepúlveda Pertence), nem decretar a prisão de qualquer pessoa, exceto nas hipóteses de flagrância (RDA 196/195, Rel. Min. Celso de Mello — RDA 199/205, Rel. Min. Paulo Brossard). OS DIREITOS E GARANTIAS INDIVIDUAIS NÃO TÊM CARÁTER ABSOLUTO. Não há, no sistema constitucional brasileiro, direitos ou garantias que se revistam de caráter absoluto, mesmo porque razões de relevante interesse público ou exigências derivadas do princípio de convivência das liberdades legitimam, ainda que excepcionalmente, a adoção, por parte dos órgãos estatais, de medidas restritivas das prerrogativas individuais ou coletivas, desde que respeitados os termos estabelecidos pela própria Constituição. O estatuto constitucional das liberdades públicas, ao delinear o regime jurídico a que estas estão sujeitas — e considerado o substrato ético que as informa — permite que sobre elas incidam limitações de ordem jurídica, destinadas, de um lado, a proteger a integridade do interesse social e, de outro, a assegurar a coexistência harmoniosa das liberdades, pois nenhum direito ou garantia pode ser exercido em detrimento da ordem pública ou com desrespeito aos direitos e garantias de terceiros. A QUEBRA DO SIGILO CONSTITUI PODER INERENTE À COMPETÊNCIA INVESTIGATÓRIA DAS COMISSÕES PARLAMENTARES DE INQUÉRITO. — O sigilo bancário, o sigilo fiscal e o sigilo telefônico (sigilo este que incide sobre os dados/registros telefônicos e que não se identifica com a inviolabilidade das comunicações telefônicas) — ainda que representem projeções específicas do direito à intimidade, fundado no art. 5º, X, da Carta Política — não se revelam oponíveis, em nosso sistema jurídico, às Comissões Parlamentares de Inquérito, eis que o ato que lhes decreta a quebra traduz natural derivação dos poderes de investigação que foram conferidos, pela própria Constituição da República, aos órgãos de investigação parlamentar. As Comissões Parlamentares de Inquérito, no entanto, para decretarem, legitimamente, por autoridade própria, a quebra do sigilo bancário, do sigilo fiscal e/ou do sigilo telefônico, relativamente a pessoas por elas investigadas, devem demonstrar, a partir de meros indícios, a existência concreta de causa provável que legitime a medida excepcional (ruptura da esfera de intimidade de quem se acha sob investigação), justificando a necessidade de sua efetivação no procedimento de ampla investigação dos fatos determinados que deram causa à instauração do inquérito parlamentar, sem prejuízo de ulterior controle jurisdicional dos atos em referência (CF, art. 5º, XXXV). — As deliberações de qualquer Comissão Parlamentar de Inquérito, à semelhança do que também ocorre com as decisões judiciais (RTJ 140/514), quando destituídas de motivação, mostram-se írritas e despojadas de eficácia jurídica, pois nenhuma medida restritiva de direitos pode ser adotada pelo Poder Público, sem que o ato que a decreta seja adequadamente fundamentado pela autoridade estatal. — O caráter privilegiado das relações Advogado-cliente: a questão do sigilo profissional do Advogado, enquanto depositário de informações confidenciais resultantes de suas relações com o cliente. MOTIVAÇÃO *PER RELATIONEM* CONSTANTE DA DELIBERAÇÃO EMANADA DA COMISSÃO PARLAMENTAR DE INQUÉ-

RITO. Tratando-se de motivação *per relationem*, impõe-se à Comissão Parlamentar de Inquérito — quando esta faz remissão a elementos de fundamentação existentes aliunde ou constantes de outra peça — demonstrar a efetiva existência do documento consubstanciador da exposição das razões de fato e de direito que justificariam o ato decisório praticado, em ordem a propiciar, não apenas o conhecimento do que se contém no relato expositivo, mas, sobretudo, para viabilizar o controle jurisdicional da decisão adotada pela CPI. É que tais fundamentos — considerada a remissão a eles feita — passam a incorporar-se ao próprio ato decisório ou deliberativo que a eles se reportou. Não se revela viável indicar, a posteriori, já no âmbito do processo de mandado de segurança, as razões que deveriam ter sido expostas por ocasião da deliberação tomada pela Comissão Parlamentar de Inquérito, pois a existência contemporânea da motivação — e não a sua justificação tardia — constitui pressuposto de legitimação da própria resolução adotada pelo órgão de investigação legislativa, especialmente quando esse ato deliberativo implicar ruptura da cláusula de reserva pertinente a dados sigilosos. A QUESTÃO DA DIVULGAÇÃO DOS DADOS RESERVADOS E O DEVER DE PRESERVAÇÃO DOS REGISTROS SIGILOSOS. — A Comissão Parlamentar de Inquérito, embora disponha, *ex propria auctoritate*, de competência para ter acesso a dados reservados, não pode, agindo arbitrariamente, conferir indevida publicidade a registros sobre os quais incide a cláusula de reserva derivada do sigilo bancário, do sigilo fiscal e do sigilo telefônico. Com a transmissão das informações pertinentes aos dados reservados, transmite-se à Comissão Parlamentar de Inquérito — enquanto depositária desses elementos informativos —, a nota de confidencialidade relativa aos registros sigilosos. Constitui conduta altamente censurável — com todas as conseqüências jurídicas (inclusive aquelas de ordem penal) que dela possam resultar — a transgressão, por qualquer membro de uma Comissão Parlamentar de Inquérito, do dever jurídico de respeitar e de preservar o sigilo concernente aos dados a ela transmitidos. Havendo justa causa — e achando-se configurada a necessidade de revelar os dados sigilosos, seja no relatório final dos trabalhos da Comissão Parlamentar de Inquérito (como razão justificadora da adoção de medidas a serem implementadas pelo Poder Público), seja para efeito das comunicações destinadas ao Ministério Público ou a outros órgãos do Poder Público, para os fins a que se refere o art. 58, § 3º, da Constituição, seja, ainda, por razões imperiosas ditadas pelo interesse social — a divulgação do segredo, precisamente porque legitimada pelos fins que a motivaram, não configurará situação de ilicitude, muito embora traduza providência revestida de absoluto grau de excepcionalidade. POSTULADO CONSTITUCIONAL DA RESERVA DE JURISDIÇÃO: UM TEMA AINDA PENDENTE DE DEFINIÇÃO PELO SUPREMO TRIBUNAL FEDERAL. O postulado da reserva constitucional de jurisdição importa em submeter, à esfera única de decisão dos magistrados, a prática de determinados atos cuja realização, por efeito de explícita determinação constante do próprio texto da Carta Política, somente pode emanar do juiz, e não de terceiros, inclusive daqueles a quem se haja eventualmente atribuído o exercício de "poderes de investigação próprios das autoridades judiciais". A cláusula constitucional da reserva de jurisdição — que incide sobre determinadas matérias, como a busca domiciliar (CF, art. 5º, XI), a interceptação telefônica (CF, art. 5º, XII) e a decretação da prisão de qualquer pessoa, ressalvada a hipótese de flagrância (CF, art. 5º, LXI) — traduz a noção de que, nesses temas específicos, assiste ao Poder Judiciário, não apenas o direito de proferir a última palavra, mas, sobretudo, a prerrogativa de dizer, desde logo, a primeira palavra, excluindo-se, desse modo, por força e autoridade do que dispõe a própria Constituição, a possibilidade do exercício de iguais atribuições, por parte de quaisquer outros órgãos ou autoridades do Estado. Doutrina. — O princípio constitucional da reserva de jurisdição, embora reconhecido por cinco (5) Juízes do Supremo Tribunal Federal — Min. Celso de Mello (Relator), Min. Marco Aurélio, Min. Sepúlveda Pertence, Min. Néri da Silveira e Min. Carlos Velloso (Presidente) — não foi objeto de consideração por parte dos demais eminentes Ministros do Supremo Tribunal Federal, que entenderam suficiente, para efeito de concessão do writ mandamental, a falta de motivação do ato impugnado. MS 23452/RJ — Rio de Janeiro. MANDADO DE SEGURANÇA. Relator(a): Min. Celso de Mello. Julgamento: 16.9.1999. Órgão Julgador: Tribunal Pleno, Publicação: DJ DATA: 12.5.00 PP-00020 EMENTA VOL-01990-01 PP-00086.

"MS N. 23.669-DF (Medida Liminar)* RELATOR: MIN. CELSO DE MELLO EMENTA: COMISSÃO PARLAMENTAR DE INQUÉRITO. GARANTIA CONSTITUCIONAL DA INTIMIDADE. SIGILO BANCÁRIO. POSSIBILIDADE DE SUA QUEBRA. CARÁTER RELATIVO DESSE DIREITO INDIVIDUAL. OBSERVÂNCIA NECESSÁRIA DO PRINCÍPIO DA COLEGIALIDADE. MEDIDA LIMINAR DEFERIDA. A GARANTIA CONSTITUCIONAL DA INTIMIDADE, EMBORA NÃO TENHA CARÁTER ABSOLUTO, NÃO PODE SER ARBITRARIAMENTE DESCONSIDERADA PELO PODER PÚBLICO. — O direito à intimidade — que representa importante manifestação dos direitos da personalidade — qualifica-se como expressiva prerrogativa de ordem jurídica que consiste em reconhecer, em favor da pessoa, a existência de um espaço indevassável destinado a protegê-la contra indevidas interferências de terceiros na esfera de sua vida privada. A transposição arbitrária, para o domínio público, de questões meramente pessoais, sem qualquer reflexo no plano dos interesses sociais, tem o significado de grave transgressão ao postulado constitucional que protege o direito à intimidade, pois este, na abrangência de seu alcance, representa o "direito de excluir, do conhecimento de terceiros, aquilo que diz respeito ao modo de ser da vida privada" (*HANNA ARENDT*). O DIREITO AO SIGILO BANCÁRIO — QUE TAMBÉM NÃO TEM CARÁTER ABSOLUTO — CONSTITUI EXPRESSÃO DA GARANTIA DA INTIMIDADE. — O sigilo bancário reflete expressiva projeção da garantia fundamental da intimidade das pessoas, não se expondo, em conseqüência, enquanto valor constitucional que é, a intervenções de terceiros ou a intrusões do Poder Público desvestidas de causa provável ou destituídas de base jurídica idônea. O sigilo bancário não tem caráter absoluto, deixando de prevalecer, por isso mesmo, em casos excepcionais, diante da exigência imposta pelo interesse público. Precedentes. Doutrina. O PRINCÍPIO DA COLEGIALIDADE CONDICIONA A EFICÁCIA DAS DELIBERAÇÕES DE QUALQUER COMISSÃO PARLAMENTAR DE INQUÉRITO, ESPECIALMENTE EM TEMA DE QUEBRA DO SIGILO BANCÁRIO. — O princípio da colegialidade traduz diretriz de fundamental importância na regência das deliberações tomadas por qualquer Comissão Parlamentar de Inquérito, notadamente quando esta, no desempenho de sua competência investigatória, ordena a adoção de medidas restritivas de direitos, como aquela que importa na revelação das operações financeiras ativas e passivas de qualquer pessoa. O necessário respeito ao postulado da colegialidade qualifica-se como pressuposto de validade e de legitimidade das deliberações parlamentares, especialmente quando estas — adotadas no âmbito de Comissão Parlamentar de Inquérito — implicam ruptura, sempre excepcional, da esfera de intimidade das pessoas. A quebra do sigilo bancário, que compreende a ruptura da esfera de intimidade financeira da pessoa, quando determinada por ato de qualquer Comissão Parlamentar de Inquérito, depende, para revestir-se de validade jurídica, da aprovação da maioria absoluta dos membros que compõem o órgão de investigação legislativa (Lei n. 4.595/64, art. 38, § 4º). DECISÃO: Trata-se de mandado de segurança, com pedido de medida liminar, impetrado contra a CPI/Narcotráfico, sob a alegação de que esta, ao quebrar o sigilo bancário do ora impetrante, não submeteu, à apreciação dos parlamentares que a compõem, o pedido que motivou o ato ora impugnado. Com efeito, sustenta-se, nesta sede mandamental, que a CPI/Narcotráfico teria transgredido o princípio da colegialidade, ordenando, de maneira abusiva, sem a prévia e necessária deliberação dos membros que a integram (Lei n. 4.595/64, art. 38, § 4º), a quebra do sigilo pertinente aos registros bancários do ora impetrante, desrespeitando-se, assim, a garantia constitucional que tutela a privacidade e a intimidade das pessoas (fls. 7 e 13): "Em face da informação recebida do Banco Rural S.A., o impetrante empenhou-se em esclarecer o assunto e verificou, mediante acesso às atas das reuniões da CPI, que nelas não se registra qualquer deliberação que afete a sua privacidade e intimidade, quer quanto ao sigilo bancário, quer quanto aos sigilos fiscal e telefônico. Com efeito, ao que consta, a CPI do Narcotráfico só teria deliberado quanto à ruptura de sigilos bancário, fiscal e telefônico em suas reuniões de 10.11.99, 23.11.99 e 15.12.99, que são, respectivamente, as 62ª, 67ª e 73ª Reuniões. Compulsando-se, porém, as atas respectivas (docs. 07, 07-A e 07-B), vê-se que nelas não há qualquer medida ou providência adotada contra o impetrante. Daí o ensejo ao presente *writ* constitucional objetivando coibir a ilegalidade e o abuso de poder perpetrados pelo órgão de investigação parlamentar, com manifesta repercussão sobre direitos e garantias constitucionais do impetrante, sujeitos ao controle jurisdicional originário da Suprema Corte. (...) O caso da presente impetração é de ausência de deliberação sobre a quebra do sigilo bancário do impetrante, vício extremo, ainda mais grave do que a falta de fundamentação, que já seria suficiente para produzir a irrefragável nulidade da medida excepcional." (grifei) Passo a analisar o pedido de medida liminar. O exame sumário dos elementos constantes da presente impetração parece evidenciar que a CPI/Narcotráfico teria deixado de deliberar colegialmente, abstendo-se, em conseqüência — segundo alega o impetrante — de determinar, pelo voto necessário da maioria absoluta de seus membros (Lei n. 4.595/64, art. 38, § 4º), a quebra do sigilo bancário do autor do presente *writ* constitucional. Essa alegação — a de que o princípio da colegialidade teria sido transgredido pela CPI/Narcotráfico — assume relevo jurídico inquestionável, pois, especialmente em tema de quebra de sigilo bancário, reveste-se de nulidade qualquer deliberação de Comissão Parlamentar de Inquérito que deixe de observar o postulado em causa. É preciso ter presente que o princípio da colegialidade traduz diretriz de fundamental importância na regência das deliberações tomadas por qualquer Comissão Parlamentar de Inquérito, notadamente quando esta, no desempenho de sua competência investigatória, ordena a adoção de medidas restritivas de direitos, como aquela que importa na revelação das operações financeiras ativas e passivas de qualquer pessoa. A controvérsia instaurada na presente causa suscita algumas reflexões em torno do tema pertinente ao alcance da norma inscrita no art. 5º, X, da Constituição, que, ao consagrar a tutela jurídica da intimidade, dispõe que "são invioláveis a intimidade, a vida privada, a honra e a imagem das pessoas..." (grifei). Como se sabe, o direito à intimidade — que representa importante manifestação dos direitos da personalidade — qualifica-se como expressiva prerrogativa de ordem jurídica que consiste em reconhecer, em favor da pessoa, a existência de um espaço indevassável destinado a protegê-la contra indevidas interferências de terceiros na esfera de sua vida privada. Daí a correta advertência feita por Carlos Alberto di Franco, para quem "Um dos grandes desafios da sociedade moderna é a preservação do direito à intimidade. Nenhum homem pode ser considerado verdadeiramente livre, se não dispuser de garantia de inviolabilidade da esfera de privacidade que o cerca". Por isso mesmo, a transposição arbitrária, para o domínio público, de questões meramente pessoais, sem qualquer reflexo no plano dos interesses sociais, tem o significado de grave transgressão ao postulado constitucional que protege o direito à intimidade, pois este, na abrangência de seu alcance, representa o "direito de excluir, do conhecimento de terceiros, aquilo que diz respeito ao modo de ser da vida privada" (Hanna Arendt). É certo que a garantia constitucional da intimidade não tem caráter absoluto. Na realidade, como já decidiu esta Suprema Corte, "Não há, no sistema constitucional brasileiro, direitos ou garantias que se revistam de caráter absoluto, mesmo porque razões de relevante interesse público ou exigências derivadas do princípio de convivência das liberdades legitimam, ainda que excepcionalmente, a adoção, por parte dos órgãos estatais, de medidas restritivas das prerrogativas individuais ou coletivas, desde que respeitados os termos estabelecidos pela própria Constituição" (MS 23.452-RJ,

Rel. Min. Celso de Mello). Isso não significa, contudo, que o estatuto constitucional das liberdades públicas — nele compreendida a garantia fundamental da intimidade — possa ser arbitrariamente desrespeitado por qualquer órgão do Poder Público. Nesse contexto, põe-se em evidência a questão pertinente ao sigilo bancário, que, ao dar expressão concreta a uma das dimensões em que se projeta, especificamente, a garantia constitucional da privacidade, protege a esfera de intimidade financeira das pessoas. Embora o sigilo bancário, também ele, não tenha caráter absoluto (RTJ 148/366, Rel. Min. Carlos Velloso — MS 23.452-RJ, Rel. Min. Celso de Mello, *v.g.*), deixando de prevalecer, por isso mesmo, em casos excepcionais, diante de exigências impostas pelo interesse público (SERGIO CARLOS COVELLO, "O Sigilo Bancário como Proteção à Intimidade", *in Revista dos Tribunais*, vol. 648/27), não se pode desconsiderar, no exame dessa questão, que o sigilo bancário reflete uma expressiva projeção da garantia fundamental da intimidade — da intimidade financeira das pessoas, em particular —, não se expondo, em conseqüência, enquanto valor constitucional que é (Vânia Siciliano Aieta, "A Garantia da Intimidade como Direito Fundamental", p. 143-147, 1999, Lumen Juris), a intervenções estatais ou a intrusões do Poder Público desvestidas de causa provável ou destituídas de base jurídica idônea. Daí o inquestionável relevo que assume o princípio da colegialidade, no plano das deliberações tomadas por qualquer Comissão Parlamentar de Inquérito, especialmente — como acima enfatizado — nas hipóteses excepcionais de ruptura da esfera de intimidade das pessoas. Em conseqüência desse postulado, cumpre advertir que a legitimidade do ato de quebra do sigilo bancário, além de supor a plena adequação de tal medida ao que prescreve a Constituição, deriva da necessidade de a providência em causa respeitar, quanto à sua adoção e efetivação, o princípio da colegialidade, sob pena de essa deliberação reputar-se nula. Esse entendimento — que põe em evidência o significado político-jurídico do princípio da colegialidade e que lhe acentua o caráter subordinante da eficácia das deliberações parlamentares — reflete-se no magistério da doutrina (Odacir Klein, "Comissões Parlamentares de Inquérito — A Sociedade e o Cidadão", p. 64-68, item n. 10, 1999, Fabris Editor; josé nilo de castro, "A CPI Municipal", p. 91 e 98, itens ns. 7 e 9, 3ª ed., 2000, Del Rey, *v.g.*), valendo referir, no ponto, ante a sua extrema pertinência, a lição de José Luiz Mônaco da Silva ("Comissões Parlamentares de Inquérito", p. 55, 1999, Ícone Editora): "É preciso não perder de vista que, antes da determinação de qualquer diligência, caberá à comissão decidir sobre a realização dela. E a decisão será tomada, sempre, por maioria de votos. Trata-se do consagrado princípio da colegialidade, vigorante entre nós, o qual submete as CPIs à regra das decisões majoritárias (...). Assim, todas as decisões de uma CPI serão tomadas pela vontade majoritária de seus membros." (grifei) Devo reconhecer, finalmente, que a plausibilidade jurídica da pretensão mandamental deduzida pelo ora impetrante evidencia-se, de maneira bastante expressiva, ante o próprio conteúdo das Atas concernentes às reuniões da CPI/Narcotráfico. Com efeito, as cópias das Atas referentes às 62ª, 67ª e 73ª Sessões da CPI/Narcotráfico, constantes de fls. 26/48, nada registram sobre a possível existência de qualquer deliberação, por parte desse órgão de investigação parlamentar, concernente à decretação da quebra do sigilo bancário do impetrante, ora questionada na presente sede processual. A ausência desse registro mostra-se extremamente relevante, pois, como se sabe, a Ata constitui registro fiel de todas as atividades e deliberações nela referidas. Tratando-se de documento público, como no caso, dispõe de presunção juris tantum de veracidade. Por tal motivo, e ao menos nesta fase de mera delibação, não vejo como possa reconhecer, no caso, a ocorrência de deliberação colegiada, cuja existência — contestada pelo ora impetrante — sequer foi referida pela CPI/Narcotráfico no texto das Atas de suas próprias sessões. Assim sendo, considerando a indiscutível plausibilidade jurídica da pretensão mandamental ora deduzida nesta sede processual — e tendo em vista, ainda, que também concorre, na espécie dos autos, o requisito do *periculum in mora*, defiro, até final julgamento da presente ação de mandado de segurança, o pedido de medida liminar, nos precisos termos em que foi ele requerido (fls. 13/14 — item n. 4.2., "a"), inclusive no que se refere ao dever de preservação da confidencialidade dos dados já eventualmente transmitidos aos membros da CPI/Narcotráfico, sob as penas da lei (Lei n. 4.595/64, art. 38, §§ 1º e 7º). Cabe relembrar, neste ponto, por absolutamente necessário, a advertência constante de decisão unânime proferida pelo Plenário do Supremo Tribunal Federal, quando do julgamento final do MS 23.452-RJ, Rel. Min. Celso de Mello: "A QUESTÃO DA DIVULGAÇÃO DOS DADOS RESERVADOS E O DEVER DE PRESERVAÇÃO DOS REGISTROS SIGILOSOS. — A Comissão Parlamentar de Inquérito, embora disponha, ex propria auctoritate, de competência para ter acesso a dados reservados, não pode, agindo arbitrariamente, conferir indevida publicidade a registros sobre os quais incide a cláusula de reserva derivada do sigilo bancário, do sigilo fiscal e do sigilo telefônico. Com a transmissão das informações pertinentes aos dados reservados, transmite-se à Comissão Parlamentar de Inquérito — enquanto depositária desses elementos informativos —, a nota de confidencialidade relativa aos registros sigilosos. Constitui conduta altamente censurável — com todas as conseqüências jurídicas (inclusive aquelas de ordem penal) que dela possam resultar — a transgressão, por qualquer membro de uma Comissão Parlamentar de Inquérito, do dever jurídico de respeitar e de preservar o sigilo concernente aos dados a ela transmitidos. Havendo justa causa — e achando-se configurada a necessidade de revelar os dados sigilosos, seja no relatório final dos trabalhos da Comissão Parlamentar de Inquérito (como razão justificadora da adoção de medidas a serem implementadas pelo Poder Público), seja para efeito das comunicações destinadas ao Ministério Público ou a outros órgãos do Poder Público, para os fins a que se refere o art. 58, § 3º, da Constituição, seja, ainda, por razões imperiosas ditadas pelo interesse social — a divulgação do segredo, precisamente porque legitimada pelos fins que a motivaram, não configurará situação de ilicitude, muito embora traduza providência revestida de absoluto grau de excepcionalidade." Comunique-se, com urgência, esta decisão, aos Presidentes da CPI/Narcotráfico e do Banco Central do Brasil, encaminhando-se-lhes cópia do presente ato decisório. 2. Requisitem-se informações ao órgão ora apontado como coator (Lei n. 4.348/64, art. 1º, "a"). Publique-se. Brasília, 12 de abril de 2000. Ministro Celso de Mello Relator — decisão publicada no DJU de 17.4.2000".

PROCESSUAL CIVIL. MANDADO DE SEGURANÇA REQUERIDO PELO MINISTÉRIO PÚBLICO OBJETIVANDO LIBERAR INFORMAÇÕES EXISTENTES EM ÓRGÃOS DO MINISTÉRIO DA AERONÁUTICA. INEXISTÊNCIA DE MOTIVAÇÃO QUE AFETE A SEGURANÇA DO ESTADO. PREVALÊNCIA DO INTERESSE PÚBLICO RELEVANTE. DEFERIMENTO DA SEGURANÇA.

— A COMPETÊNCIA DO MINISTÉRIO PÚBLICO NO CONCERNENTE A REQUISIÇÃO DE INFORMAÇÕES E DOCUMENTOS DE QUAISQUER ÓRGÃOS DA ADMINISTRAÇÃO, INDEPENDENTEMENTE DE HIERARQUIA, ADVÉM DE SEDE CONSTITUCIONAL E VISA AO INTERESSE PÚBLICO QUE SE SOBREPÕE A QUALQUER OUTRO (A FIM DE QUE POSSÍVEIS FATOS CONSTITUTIVOS DE CRIMES SEJAM APURADOS), PONDO-LHE, A LEI MAIOR, À DISPOSIÇÃO, INSTRUMENTOS EFICAZES PARA O EXERCÍCIO DAS ATRIBUIÇÕES CONSTITUCIONALMENTE CONFERIDAS.

— EM SENDO A AÇÃO PENAL PÚBLICA DE INICIATIVA EXCLUSIVA DO MINISTÉRIO PÚBLICO, E SE A CONSTITUIÇÃO LHE CONFERE O PODER DE EXPEDIR NOTIFICAÇÕES E DE REQUISITAR INFORMAÇÕES E DOCUMENTOS (CONSTITUIÇÃO FEDERAL, ARTS. 127 E 129), RESULTA, DAÍ, QUE AS SUAS ATIVIDADES SE REVESTEM DE INTERESSE PÚBLICO RELEVANTE — OPONÍVEL A QUALQUER OUTRO — QUE DEVE SER CUIDADO COM PREVIDÊNCIA, EIS QUE A OUTORGA DESSE PODER CONSTITUI REFLEXO DE SUAS PRERROGATIVAS INSTITUCIONAIS. A OCULTAÇÃO E O NÃO FORNECIMENTO DE INFORMAÇÕES E DOCUMENTOS E CONDUTA IMPEDITIVA DA AÇÃO MINISTERIAL E, CONSEQÜENTEMENTE, DA JUSTIÇA, SE ERIGINDO EM ABUSO DE PODER.

— OS DOCUMENTOS E INFORMAÇÕES REQUISITADAS (E EM PODER DO MINISTÉRIO DA AERONÁUTICA) NÃO SERÃO, DESDE LOGO, ACOLHIDOS COMO VERDADEIROS E INCONTESTÁVEIS, MAS, SUBMETIDOS AO CRIVO DA AUTORIDADE JUDICIÁRIA E DO MINISTÉRIO PÚBLICO; DESTE, PARA AUXILIAR E, ATÉ, IMPULSIONAR AS DILIGÊNCIAS SUBSEQÜENTES E DO JUDICIÁRIO PARA QUE AS SUBMETA, EM TEMPO OPORTUNO, AO CONTRADITÓRIO, EM QUE SE ASSEGURARA AOS INDICIADOS OU ACUSADOS A MAIS AMPLA DEFESA. NADA IMPORTA QUE AS CONCLUSÕES DOS ÓRGÃOS DA AERONÁUTICA SEJAM DIAMETRALMENTE OPOSTAS ÀS DO MINISTÉRIO PÚBLICO OU DO JUDICIÁRIO. A RESPONSABILIDADE CIVIL É INDEPENDENTE DA CRIMINAL (CÓDIGO CIVIL, ART.

1525), COMO TAMBÉM A AÇÃO DO MINISTÉRIO PÚBLICO INDEPENDE DO JUÍZO DE VALOR QUE, NA ESFERA ADMINISTRATIVA, A AUTORIDADE AERONÁUTICA ATRIBUIR AOS FATOS, NÃO FICANDO, POR ISSO MESMO, ADSTRITO, QUER AS CONCLUSÕES DO RELATOÓRIO PRELIMINAR, QUER AS DO RELATÓRIO FINAL.

— A PUBLICIDADE DOS ATOS ADMINISTRATIVOS E DEMAIS ATIVIDADES ESTATAIS DECORRE DE PRECEITO CONSTITUCIONAL (ART. 5º, XXXIII), QUE SÓ RESSALVA A HIPÓTESE EM QUE O SIGILO SEJA IMPRESCINDÍVEL À SEGURANÇA DA SOCIEDADE E DO ESTADO. " O NOVO ESTATUTO BRASILEIRO — QUE REJEITA O PODER QUE OCULTA E NÃO TOLERA O PODER QUE SE OCULTA — CONSAGROU A PUBLICIDADE DOS ATOS E DAS ATIVIDADES ESTATAIS COMO VALOR CONSTITUCIONALMENTE ASSEGURADO, DISCIPLINANDO-O COMO DIREITOS E GARANTIAS FUNDAMENTAIS" (STF).

— JÁ EXISTINDO INQUÉRITO INSTAURADO EM TORNO DO FATO, COM O ACOMPANHAMENTO DO *PARQUET*, TORNA-SE EVIDENTE O INTERESSE PÚBLICO NA ULTIMAÇÃO DESSAS INVESTIGAÇÕES CUJO FITO É O DE DESVENDAR A EXISTÊNCIA DE POSSÍVEIS CRIMES. O SIGILO, *IN CASU*, NÃO PODE SER OPONÍVEL À AÇÃO DO MINISTÉRIO PÚBLICO, VISTO COMO O INQUÉRITO POLICIAL ESTÁ SE DESENVOLVENDO SOB ABSOLUTA RESERVA (CPC, ART. 20), INEXISTINDO TEMOR SOB POSSÍVEIS DESVIRTUAMENTOS DAS INFORMAÇÕES E DOCUMENTOS REQUISITADOS.

— É ENTENDIMENTO ASSENTE NA DOUTRINA QUE O MINISTÉRIO PÚBLICO, EM FACE DA LEGISLAÇÃO VIGENTE, TEM ACESSO ATÉ MESMO ÀS INFORMAÇÕES SOB SIGILO, NÃO SENDO LÍCITO A QUALQUER AUTORIDADE OPOR-LHE TAL EXCEÇÃO.

— SEGURANÇA CONCEDIDA. DECISÃO UNÂNIME. Acórdão MS 5370-DF — MANDADO DE SEGURANÇA — 1997/0058928-5, DJ 15.12.1997, P. 66185, STJ — PRIMEIRA SEÇÃO — RELATOR MIN. DEMÓCRITO REINALDO.

ANEXOS

RESOLUÇÃO N. 24, DE 28 DE FEVEREIRO DE 1997, DO CONSELHO SUPERIOR DO MINISTÉRIO PÚBLICO DO TRABALHO

Dispõe sobre a instauração e autuação de Inquéritos Civis Públicos e procedimentos investigatórios no âmbito do Ministério Público do Trabalho.

O CONSELHO SUPERIOR DO MINISTÉRIO PÚBLICO DO TRABALHO, no exercício de sua competência prevista no art. 98, inciso I, alínea *c*, da Lei Complementar n. 75/93, e considerando a necessidade de regulamentar os procedimentos de inquéritos civis públicos previstos nos arts. 6º, VII, alíneas *a* e *d*, e 84, II da Lei Complementar n. 75/93, resolve:

Art. 1º O inquérito civil público (ICP), procedimento de natureza administrativa e inquisitorial, poderá ser instaurado de ofício, em face de representação ou de notícia da ocorrência de lesão a interesses difusos e coletivos ligados às relações de trabalho.

Art. 2º Apenas as práticas ou fatos que transcendam o interesse meramente individual poderão ser objeto de investigação.

Art. 3º Será designado Membro do Ministério Público do Trabalho, na forma dos arts. 91, inciso V e 92, inciso II da Lei Complementar n. 75/93, para, na qualidade de Órgão, analisar as representações recebidas no âmbito do Ministério Público do Trabalho, quando a questão for de caráter nacional, pelo Procurador-Geral ou pelo Procurador-Chefe para questões de caráter regional.

§ 1º O prazo máximo para a apreciação da representação será de 30 (trinta) dias contados do recebimento dos autos pelo Órgão designado.

§ 2º Ao Órgão designado caberá colher todas as provas úteis e necessárias para o esclarecimento do objeto investigado e, sempre que necessário para a formação de convencimento, poderá adotar o Procedimento Investigatório (PI) antes da instauração de Inquérito Civil Público (ICP).

Art. 4º O Inquérito Civil Público será instaurado pelo Órgão designado mediante portaria, autuado e registrado em livro próprio ou em sistema informatizado de controle.

§ 1º A portaria, numerada em ordem crescente, deverá conter sucintamente o nome e a qualificação do denunciante ou a origem da notícia de lesão e do inquirido; os fatos que ensejam o Inquérito Civil Público e o fundamento legal da irregularidade do ato ou prática denunciados ou noticiados.

§ 2º Cópia da portaria deverá ser encaminhada à Câmara de Coordenação e Revisão.

Art. 5º Todas as diligências, interrogatórios e outros atos de investigação serão formalizados mediante termo, assinado pelo Órgão, pelo secretário e interessados presentes.

§ 1º Quando houver diligências a serem realizadas fora da sede da Procuradoria Geral ou Regionais poderão ser deprecadas aos Órgãos que detenham atribuição legal para tal.

§ 2º Poderão ser fornecidas cópias autenticadas ou certidões de peças dos autos de Procedimento Investigatório ou Inquérito Civil Público, quando requeridas com legítimo e justificado interesse, arcando o interessado com os custos decorrentes.

Art. 6º Qualquer interessado poderá, durante a tramitação do inquérito, apresentar ao Órgão designado documentos ou subsídios para a melhor apuração dos fatos.

Art. 7º Para a instrução do Inquérito Civil Público o Órgão designado poderá:

I — designar nos autos servidor para secretariá-lo;

II — colher provas e promover diligências necessárias ao esclarecimento dos fatos objeto da investigação;

III — determinar a apresentação pelo representante ou representado de documentos relativos aos fatos investigados, fixando prazos;

IV — requisitar certidões, documentos, informações, exames ou perícias de organismos públicos e, documentos e informações de entidades privadas, obedecido o prazo do § 5º, do art. 8º da Lei Complementar n. 75/93;

V — solicitar, quando necessário, a colaboração de qualquer órgão público, independentemente de convênio;

Parágrafo único. Em qualquer das hipóteses acima deverá ser observado o § 4º, do art. 8º da Lei Complementar n. 75/93.

Art. 8º Os prazos fixados para o cumprimento de diligências serão de até 10 (dez) dias úteis passíveis de prorrogação a critério do Órgão, desde que devidamente justificado.

Art. 9º Demonstradas, no decorrer do procedimento investigatório ou do Inquérito Civil Público, a existência de ilegalidade, da prática ou do procedimento representado ou noticiados, poderá o Órgão designar audiência para a tentativa de composição do conflito.

§ 1º A composição dar-se-á mediante assinatura de termo de ajuste de conduta pelo Inquirido.

§ 2º No caso de o Inquirido não ter condições de cumprir integralmente o ordenamento jurídico-trabalhista quanto ao objeto do inquérito, poderá haver transação naquilo em que a Constituição e a lei admitirem flexibilização através de negociação coletiva, devendo ser concedido prazo para que o sindicato, representante da categoria envolvida, submeta a questão à assembléia geral, com o fim de obter autorização para firmar acordo em condições menos benéficas do que as previstas em lei.

§ 3º Cópia do ajuste de conduta deverá ser remetida à Câmara de Coordenação e Revisão.

Art. 10. O Inquérito Civil Público deverá estar concluído no prazo de 6 (seis) meses, podendo ser prorrogado por até 60 (sessenta) dias, mediante pedido fundamentado ao Procurador-Geral ou ao Procurador Chefe.

§ 1º O Procedimento Investigatório deverá estar concluído no prazo de 30 (trinta) dias.

§ 2º Constatado no curso do Inquérito Civil Público ou procedimento investigatório que o caráter da lesão excede a competência da Regional, deverão os autos ser remetidos ao Procurador-Geral do Trabalho, acompanhado de relatório para as providências cabíveis.

Art. 11. Concluído o Inquérito Civil Público, o Órgão designado elaborará relatório circunstanciado de:

I — arquivamento nas hipóteses de ausência de provas contra o representado e de legalidade do ato ou da prática denunciados;

II — arquivamento por composição voluntária do conflito de interesses ou da perda do objeto.

III — ajuizamento da ação correspondente que será instruída com as cópias autenticadas das peças principais dos autos de inquérito civil público ou procedimento investigatório.

Art. 12. Os autos de inquérito civil público com proposta de arquivamento previsto nos incisos I e II do artigo anterior deverão no prazo de 3 (três) dias ser remetidos à Câmara de Coordenação e Revisão para homologação.

§ 1º A Câmara de Coordenação e Revisão deverá se pronunciar sobre a homologação ou não do Inquérito Civil Público no prazo de 90 (noventa) dias.

§ 2º Após a homologação os autos deverão retornar à Regional de origem para acompanhamento do avençado, quando for o caso, ou arquivamento físico.

§ 3º Deixando a Câmara de homologar a proposta de arquivamento, comunicará imediatamente ao Procurador-Geral ou Procurador-Chefe a fim de designar outro Órgão do Ministério Público para o prosseguimento das investigações ou a propositura da ação.

§ 4º Sendo ajuizada a ação cabível, cópia da petição inicial e decisões judiciais proferidas e dos recursos interpostos deverão ser encaminhados à Câmara de Coordenação e Revisão para organização de acervo.

Art. 13. Surgindo conflito de atribuições em decorrência do § 3º, do artigo anterior, os autos deverão ser encaminhados ao Procurador-Geral do Trabalho para decisão na forma do inciso VII, do art. 91 da Lei Complementar n. 75/93.

Art. 14. Poderá o interessado recorrer, fundamentadamente, no prazo de dez dias do recebimento da notificação, ao Conselho Superior do Ministério Público do Trabalho das decisões de homologação de arquivamento do Inquérito Civil Público.

Art. 15. O arquivamento por falta de provas não impedirá seja o procedimento reaberto se surgirem fatos novos comprobatórios da lesão denunciada ou noticiada.

Art. 16. O Inquérito Civil Público e o procedimento investigatório ficam sujeitos à atividade correicional da Corregedoria-Geral do Ministério Público do Trabalho.

Art. 17. O descumprimento dos prazos previstos nessa Resolução implica em responsabilização de quem lhe der causa, na forma do Título III, Capítulo III da Lei Complementar n. 75/93, não gerando, no entanto, qualquer nulidade dos procedimentos nela regulamentados.

Art. 18. Os Inquéritos Civis Públicos que, na data da publicação da presente Resolução, se encontrarem distribuídos no âmbito do Conselho Superior do Ministério Público do Trabalho ali permanecerão até sua homologação.

Art. 19. Esta Resolução entra em vigor na data de sua publicação, revogada a Instrução Normativa n. 1/93 e outras disposições em contrário.

RESOLUÇÃO N. 28/97, de 27.5.97, DO CONSELHO SUPERIOR DO MINISTÉRIO PÚBLICO DO TRABALHO

Dispõe sobre a instauração e autuação de Inquéritos Civis Públicos e procedimentos investigatórios no âmbito do Ministério Público do Trabalho.

O Conselho Superior do Ministério Público do Trabalho, no exercício de sua competência prevista no art. 98, inciso I, alínea *d*, da Lei Complementar n. 75/93, e considerando a necessidade de regulamentar os procedimentos de Inquéritos Civis Públicos previstos nos arts. 6º, VII, alíneas *a* e *d*, e 84, II da Lei Complementar n. 75/93, resolve:

Art. 1º O Inquérito Civil Público (ICP), procedimento de natureza administrativa e inquisitorial, poderá ser instaurado de ofício quando houver representação ou notícia da ocorrência de lesão a interesses difusos e coletivos referentes a direitos sociais indisponíveis ligados às relações de trabalho.

Art. 2º Apenas as práticas ou fatos que transcendam o interesse meramente individual poderão ser objeto de investigação.

Art. 3º Será designado Membro do Ministério Público do Trabalho para, na qualidade de Órgão, analisar as representações recebidas no âmbito do Ministério Público do Trabalho.

§ 1º O prazo máximo para a apreciação da representação será de 08 (oito) dias contado da data do recebimento da mesma pelo Órgão designado.

§ 2º Ao Órgão designado caberá colher todas as provas úteis e necessárias para o esclarecimento do objeto representado e, sempre que necessário para a formação de convencimento, poderá adotar o Procedimento Investigatório (PI) antes da instauração de Inquérito Civil Público (ICP).

Art. 4º O Inquérito Civil Público será instaurado pelo Órgão designado mediante portaria, autuado e registrado em livro próprio ou em sistema informatizado de controle.

§ 1º A portaria, numerada em ordem crescente, deverá conter sucintamente o nome e a qualificação do denunciante ou a origem da notícia de lesão e do inquirido; os fatos que ensejam o Inquérito Civil Público e o fundamento legal da irregularidade do ato ou prática representados ou noticiados.

Art. 5º Todas as diligências, interrogatórios e outros atos de investigação serão formalizados mediante termo, assinado pelo Órgão, pelo secretário e interessados presentes.

§ 1º As diligências realizadas fora da sede da Procuradoria poderão ser deprecadas aos Órgãos que detenham atribuição legal para tal.

§ 2º A extração de cópias dos autos, ressalvadas as hipóteses de sigilo legal, quando requeridas com legítimo e justificado interesse, é ônus do requerente.

Art. 6º Qualquer pessoa poderá, durante a tramitação do inquérito, apresentar ao Órgão designado documentos ou subsídios para a melhor apuração dos fatos.

Art. 7º Para a instrução do Inquérito Civil Público, além daquelas expressamente previstas em lei, o Órgão designado poderá:

I — designar nos autos servidor para secretariá-lo, obedecidas as diretrizes administrativas locais;

II — colher provas e promover diligências necessárias ao esclarecimento dos fatos objeto da investigação;

III — determinar a apresentação pelo representante ou representado de documentos relativos aos fatos investigados, fixando prazos;

IV — requisitar certidões, documentos, informações, exames ou perícias de organismos públicos e, documentos e informações de entidades privadas, obedecido o prazo do § 5º, do art. 8º da Lei Complementar n. 75/93;

V — requisitar, quando necessário, o apoio de qualquer órgão público, independentemente de convênio.

Parágrafo único. Em qualquer das hipóteses acima deverá ser observado o § 4º, do art. 8º da Lei Complementar n. 75/93.

Art. 8º Os prazos fixados para o cumprimento de diligências serão de até 10 (dez) dias úteis.

Art. 9º Demonstradas, no decorrer do procedimento investigatório ou do Inquérito Civil Público, a existência de ilegalidade da prática ou do procedimento representado ou noticiado, poderá o Órgão designar audiência para a tomada de compromisso de ajustamento de conduta às exigências legais mediante a assinatura de termo de compromisso pelo Investigado ou Inquirido.

Art. 10. O Inquérito Civil Público deverá estar concluído no prazo de 6 (seis) meses, podendo ser prorrogado por igual prazo mediante justificativa certificada nos autos, com comunicação ao Procurador-Chefe.

§ 1º O Procedimento Investigatório deverá estar concluído no prazo de 30 (trinta) dias.

§ 2º Na hipótese em que justo motivo, certificado nos autos, impeça o cumprimento do prazo do parágrafo anterior, o mesmo ficará suspenso.

§ 3º Constatado que o caráter da lesão excede a competência da Regional, deverão os autos ser remetidos ao Procurador-Chefe da Procuradoria Regional da Sede do Representado, Investigado ou Inquirido, acompanhado de relatório circunstanciado, para as providências cabíveis.

Art. 11. Concluídos os Procedimento Investigatório e Inquérito Civil Público, o Órgão designado elaborará relatório circunstanciado de:

I — arquivamento nas hipóteses de ausência de provas contra o representado e de legalidade do ato ou da prática denunciados, ou da perda do objeto investigado;

II — encerramento por força de assinatura de Termo de Compromisso contendo ajuste da conduta às exigências legais;

III — ajuizamento da ação correspondente que será instruída com as cópias autenticadas das peças principais dos autos de Inquérito Civil Público ou Procedimento Investigatório.

Art. 12. Os autos de Inquérito Civil Público, de procedimento investigatório ou qualquer peça de informação com promoção de arquivamento previsto no inciso I do artigo anterior deverão no prazo de 3 (três) dias ser remetidos à Câmara de Coordenação e Revisão para homologação.

§ 1º A Câmara de Coordenação e Revisão deverá se pronunciar sobre a homologação no prazo de 30 (trinta) dias.

§ 2º Deixando a Câmara de homologar a promoção de arquivamento, comunicará imediatamente ao Procurador-Chefe a fim de designar outro Órgão do Ministério Público para o prosseguimento das investigações ou a propositura da ação.

TUTELA COLETIVA

§ 3º A desistência de qualquer ação proposta pelo Ministério Público do Trabalho está condicionada à aprovação da Câmara de Coordenação e Revisão.

Art. 13. O arquivamento por falta de provas não impedirá a abertura de novo procedimento diante da existência de fatos novos comprobatórios da lesão já denunciada ou noticiada.

Art. 14. Os prazos, previstos nesta Resolução, ficam sujeitos à atividade correicional.

Art. 15. Esta Resolução entra em vigor na data de sua publicação, revogadas as disposições em contrário.

Revogada na 51ª Sessão Ordinária do Conselho Superior do MINISTÉRIO PÚBLICO DO TRABALHO, do dia 30 de setembro de 1999 e publicada no Diário da Justiça, Seção 1, do dia 6 de outubro de 1999, p. 95, item 4.

RECOMENDAÇÃO N. 01/99, DE 18 DE OUTUBRO DE 1999, DO PROCURADOR-GERAL DO MINISTÉRIO PÚBLICO DO TRABALHO

O Procurador-Geral do Trabalho, com base no art. 91, inciso XXIII, da LC n. 75/93, e considerando a necessidade de adequar a instauração de Inquérito Civil Público previsto nos arts. 6º, VII, *a, c* e *d*, 7º, 1 e 84, II da Lei Complementar n. 75/93, e o seu encaminhamento e as Peças de Informação ao Conselho Superior do Ministério Público do Trabalho, para homologação;

Considerando que esta adequação deve levar em conta os princípios e as normas constitucionais e leis ordinárias relativos aos interesses sociais indisponíveis, difusos, coletivos e individuais homogêneos, bem como não se chocar com a ordem constitucional no tocante à dignidade e intimidade do indivíduo, RESOLVE editar a seguinte RECOMENDAÇÃO:

DO INQUÉRITO CIVIL PÚBLICO — PRESSUPOSTOS E REQUISITOS PARA A INSTAURAÇÃO

O Inquérito Civil Público, procedimento de natureza administrativa e inquisitorial, poderá ser instaurado de ofício ou quando houver representação de ocorrência de lesão a interesses difusos, coletivos e individuais homogêneos que autorizem o exercício da tutela aos direitos sociais indisponíveis ligados às relações de trabalho.

O Inquérito Civil Público será instaurado mediante Portaria, autuado e registrado em livro próprio ou em sistema informatizado de controle.

A Portaria, numerada em ordem crescente, deverá conter sucintamente o nome e a qualificação do Denunciante ou a origem da notícia de lesão e do Inquirido; a descrição do fato objeto do Inquérito Civil Público e o fundamento legal da irregularidade ou ilegalidade do ato ou prática.

É indispensável a publicação da Portaria de instauração de Inquérito Civil Público em Diário Oficial.

DA ATRIBUIÇÃO PARA A INSTAURAÇÃO

Cabe ao Membro do Ministério Público do Trabalho a análise das representações recebidas e a instauração do Inquérito Civil Público.

O Membro será designado na forma dos arts. 91, V e 92, II, da Lei Complementar n. 75/93, para cada caso, bem como, levando-se em conta as regras de divisão de atuação de cada Procuradoria Regional;

a. Em cada caso atuará um único Membro.

DO PROCESSAMENTO E DOS ATOS INSTRUTÓRIOS

4. O Inquérito Civil Público será presidido pelo Membro designado que poderá:

a. Indicar nos autos o Servidor para secretariá-lo, obedecidas as regras administrativas e de divisão de serviços de cada Procuradoria Regional;

b. Colher todas as provas, permitidas no ordenamento jurídico, para o esclarecimento do fato objeto da investigação, na forma do art. 8º, da Lei Complementar n. 75/93;

c. Todas as diligências, declarações, interrogatórios e outros atos de investigação serão formalizados mediante termo, assinado pelo Membro, pelo Secretário e Interessados presentes;

d. As diligências realizadas fora da sede da unidade poderão ser deprecadas aos Membros designados para tal;

e. A extração de cópia dos autos, ressalvadas as hipóteses de sigilo legal, quando requeridas com legítimo interesse, é ônus do requerente;

f. Qualquer interessado poderá, durante a tramitação do inquérito, apresentar ao Membro designado documentos ou subsídios para a melhor apuração dos fatos.

5. O Inquérito Civil Público deverá estar concluído no prazo de 6 (seis) meses, podendo ser prorrogado por igual prazo mediante justificativa certificada nos autos, com comunicação ao Procurador-Chefe,

DO ARQUIVAMENTO

Esgotadas todas as diligências, o Membro que se convencer da inexistência de irregularidade do ato para o ajuizamento da ação competente ou para o ajustamento da conduta do Inquirido, promoverá o arquivamento do Inquérito Civil Público, fundamentadamente, através de relatório circunstanciado.

a. Os autos, com promoção de arquivamento, deverão ser remetidos, no prazo de 3 (três) dias contados da data da promoção, ao Conselho Superior do Ministério Público do Trabalho.

b. Deixando o Conselho Superior de homologar a promoção de arquivamento, os autos serão devolvidos à unidade de origem para, na forma dos arts. 91, V e 92, II, da Lei Complementar n. 75/93, designar outro Membro.

DOS TERMOS DE AJUSTE DE CONDUTA

1) O Membro, nos autos de Inquérito Civil Público, tomará dos interessados compromisso de ajustamento de sua conduta às exigências legais.

Para o compromisso observar-se-ão os seguintes princípios:

É vedada a dispensa, total ou parcial, das obrigações reclamadas para a efetiva satisfação do interesse lesado, devendo restringir-se às condições de cumprimento das obrigações como modo, tempo, lugar e outros semelhantes;

2) deverá ser estipulada cominação específica, evitando-se o *bis in idem*, de caráter patrimonial, para a hipótese de descumprimento;

3) terá eficácia de título extrajudicial, revestindo-se de características de liquidez ou seja, obrigação certa, quanto à sua existência, e determinada quanto ao seu objeto;

4) deverá ser subscrito pelo responsável legal Empresa, ou pelo seu representante legal, munido do instrumento de mandato, e pelo Membro do Ministério Público do Trabalho;

Os autos de Inquérito Civil Público contendo o compromisso de Termo de Ajuste de Conduta deverão ser encaminhados ao Conselho Superior do Ministério Público do Trabalho, com ciente do Procurador-Chefe.

O compromisso de Termo de Ajuste de Conduta terá eficácia imediata.

d. O Membro designado, ou quem lhe substituir, segundo as regras de divisão de atuação de cada Procuradoria Regional, ficará responsável pela fiscalização do efetivo cumprimento do compromisso.

DAS REPRESENTAÇÕES E DO PROCEDIMENTO PREPARATÓRIO DO INQUÉRITO CIVIL

8. As representações recebidas serão protocoladas, registradas em livro próprio ou em sistema informatizado, e distribuídas ao Membro designado, na forma do item 3.a, obedecida a divisão administrativa e de atuação de cada Procuradoria.

A numeração recebida no ato do protocolo continuará a mesma para eventual transformação dos autos em Procedimento Preparatório do Inquérito Civil Público ou Inquérito Civil Público.

As Representações e os Procedimentos Preparatórios do Inquérito Civil Público contra a mesma empresa deverão ser distribuídos por prevenção.

O Membro terá o prazo máximo de 10 (dez dias) para decidir, fundamentadamente, através de Apreciação Prévia, sobre os termos da Representação, enquadramento legal e o rumo procedimental a ser adotado.

d. Se entender pelo arquivamento da representação, dar-se-á imediata ciência ao interessado, procedendo-se seu arquivamento na Procuradoria Regional. A notificação dirigida ao interessado conterá a informação do item e seguinte.

Se o interessado não se conformar com a decisão poderá apresentar recurso no prazo de 10 (dez) dias, ao Conselho Superior do Ministério Público do Trabalho.

9. O Membro designado, na forma do item 3.a, poderá instaurar de ofício ou em face de Representação Procedimento Preparatório de Inquérito Civil Público, quando houver necessidade de esclarecimentos complementares para formar seu convencimento sobre o cabimento, em tese, da tutela de interesses difusos, coletivos ou individuais homogêneos.

O prazo para a conclusão do procedimento preparatório é de 60 (sessenta) dias, podendo o curso do mesmo ficar suspenso se justo motivo, certificado nos autos, impedir seu termo.

Dispondo-se o Denunciado a ajustar sua conduta, o Procedimento Preparatório de Inquérito Civil Público será convolado em Inquérito Civil Público, dispensada a publicação de Portaria.

Firmado o compromisso de Termo de Ajuste de Conduta, os autos deverão ser encaminhados, no prazo de 3 (três) dias ao Conselho Superior do Ministério Público do Trabalho, com ciência do Procurador-Chefe.

d. Se a conclusão for no sentido de não instauração do Inquérito Civil Público, os autos do Procedimento Preparatório serão arquivados na Procuradoria Regional, através de relatório circunstanciado, dando-se ciência ao Procurador-Chefe, e poderão ser reabertos a qualquer tempo, diante de novos elementos.

Os Interessados serão notificados da decisão de arquivamento e, se inconformados, poderão apresentar recurso, no prazo de 10 (dez) dias, ao Conselho Superior do Ministério Público do Trabalho.

DAS RECOMENDAÇÕES

As Recomendações encaminhadas ao Inquirido não solucionam a questão investigada de forma a autorizar o arquivamento dos autos.

DAS AÇÕES

11. Será dada ciência ao Procurador-Chefe do ajuizamento de qualquer ação judicial.

DA COMPETÊNCIA

12. Constatado na Representação, no curso do Procedimento Preparatório do Inquérito Civil Público ou no Inquérito Civil Público, que a lesão ou irregularidade praticada pelo Denunciado ou Inquirido excede a competên-

cia da Regional, impondo tratamento uniforme nacional, deverão os autos ser remetidos ao Procurador-Chefe da Procuradoria Regional da sede da empresa, acompanhado de relatório circunstanciado para as providências necessárias.

Esta Recomendação entra em vigor na data de sua publicação.

(a.) Dr. *Guilherme Mastrichi Basso.*

REFERÊNCIAS BIBLIOGRÁFICAS

ANTUNES, Paulo de Bessa *et al.* "O Inquérito Civil (Considerações Críticas)". *In Ação Civil Pública: Lei n. 7.347/85 — 15 anos.* São Paulo: RT.

BARBEITAS, André Terrigno. "O Sigilo Bancário e o Resguardo da Intimidade e da Vida Privada". *Boletim Científico — Escola Superior do Ministério Público da União.* Brasília: ESMPU, ano II, n. 6, jan./mar., 2003, p. 37.

BOBBIO, Norberto. *O Positivismo Jurídico — Lições de Filosofia do Direito.* Tradução e notas Márcio Pugliese. São Paulo: Cone Editora, 1995.

_____. *Teoria do Ordenamento Jurídico*. Tradução Maria Celeste Cordeiro Leite dos Santos, 10ª ed. Brasília: UnB, 1997.

_____. *A Era dos Direitos.* Tradução de Carlos Nelson Coutinho. 11ª ed. Rio de Janeiro: Campus, 1992;

_____. *Teoria Geral da Política — A Filosofia Política e as Lições dos Clássicos.* Organizado por Michelangelo Bovero. Tradução Daniela Beccaccia Versiani. Rio de Janeiro: Campus, 2000.

BURLE FILHO, José Emmanuel. *Ação Civil Pública.* São Paulo: RT, 1995.

_____. "Principais Aspectos do Inquérito Civil, como função institucional do Ministério Público". *in Ação Civil Pública.* São Paulo: RT, 1995.

CAMPOS, Ronaldo Cunha. *Ação Civil Pública.* Rio de Janeiro: AIDE, 1995.

CAPPELLETTI, Mauro e GARTH, Bryant. *Acesso à Justiça.* Tradução de Ellen Gracie Northfleet. Porto Alegre: Fabris, 1988.

CARELLI, Rodrigo de Lacerda. "O Ministério Público do Trabalho após a Lei Complementar n. 75/95". *Boletim Científico — Escola Superior do Ministério Público da União.* Brasília: ESMPU, ano II, n. 7, abr./jun., 2003, p. 145.

DINAMARCO, Cândido Rangel. *Fundamentos do Processo Civil Moderno,* I, 4ª ed. São Paulo: Malheiros, 2001.

FELDENS, Luciano. "O Poder Requisitório do Ministério Público e a Inoponibilidade de Sigilo". *Boletim Científico — Escola Superior do Ministério Público da União.* Brasília: ESMPU, ano II, n. 7, abr./jun., 2003, p. 65.

FERRAZ, Antonio Augusto Mello de Camargo. "Inquérito civil: dez anos de um instrumento de cidadania". *In Ação Civil Pública.* São Paulo: RT, 1995.

_____. "Ação Civil Pública, Inquérito Civil e Ministério Público". *In Ação Civil Pública — Lei n. 7.347/1985 — 15 anos.* São Paulo: RT, 2001.

FERRAZ, Antonio Augusto Mello de Camargo e GUIMARÃES JÚNIOR, João Lopes. "A Necessária Elaboração de Uma Nova Doutrina de Ministério Público, Compatível com seu Atual Perfil Constitucional". *In Ministério Público — Instituição e Processo.* São Paulo, Atlas, 1999.

FRIEDRICH, Carl J. *O Interesse Público.* Tradução de Edílson Alkmin Cunha. Rio de Janeiro: O Cruzeiro, 1967.

GALVÃO, Ilmar. "Ação Civil Pública e o Ministério Público". *Jornal Síntese* n. 40. Porto Alegre, jun./2000, p. 3.

GRINOVER, Ada Pellegrini et al. *Código Brasileiro de Defesa do Consumidor — Comentado Pelos autores do anteprojeto.* 7ª ed. Rio de Janeiro: Forense, 2001.

HOLANDA, Aurélio Buarque de. *Novo Dicionário Aurélio da Língua Portuguesa.* 2ª ed. Rio de Janeiro: Nova Fronteira, 1986.

LEITE, Carlos Henrique Bezerra. *Ministério Público do Trabalho.* São Paulo: LTr, 1998.

MACEDO JÚNIOR, Ronaldo Porto. "Ministério Público Brasileiro: Um Novo Ator Político". *In Ministério Público II — Democracia.* São Paulo: Atlas, 1999.

_____. "O Quarto Poder e o Terceiro Setor. O Ministério Público e as Organizações Não Governamentais sem Fins Lucrativos — Estratégias para o Futuro". *In Ministério Público II — Democracia.* São Paulo: Atlas, 1999.

MACHADO, Antônio Cláudio da Costa. *A Intervenção do Ministério Público no Processo Civil Brasileiro.* 2ª ed. São Paulo: Saraiva, 1998.

MACHADO, Paulo Affonso Leme. *Direito Ambiental Brasileiro.* 10ª ed. São Paulo: Malheiros, 2002.

MANCUSO, Rodolfo de Camargo. *Ação Civil Pública.* 6ª ed. São Paulo: RT, 1999.

MAZZILLI, Hugo Nigro. *A Defesa dos Interesses Difusos em Juízo.* 10ª ed. São Paulo: Saraiva, 1998.

_____. *O Acesso à Justiça e o Ministério Público.* São Paulo: Saraiva, 1998.

_____. *Regime Jurídico do Ministério Público.* 3ª ed. São Paulo: Saraiva, 1996.

_____. *Introdução ao Ministério Público.* 2ª ed. São Paulo: Saraiva, 1998.

MEIRELLES, Hely Lopes. *Mandado de Segurança, Ação Popular, Ação Civil Pública, Mandado de Injunção, Habeas Data.* 15ª ed. atualizada por Arnoldo Wald. São Paulo: Malheiros, 1990.

MELO, Raimundo Simão. *Ação Civil Pública na Justiça do Trabalho.* São Paulo: LTr, 2002.

MILARÉ, Edis. *A Ação Civil Pública na Nova Ordem Constitucional.* São Paulo: Saraiva, 1990.

_____. *Ação Civil Pública: Lei n. 7.347/85 — Reminiscências e reflexões após dez anos de aplicação.* São Paulo: RT, 1995.

_____. *Ação Civil Pública: Lei n. 7.347/85 — 15 anos.* São Paulo: RT, 2001.

NERY JÚNIOR, Nelson e NERY, Rosa Maria Andrade. *Código de Processo Civil Comentado.* 3ª ed. São Paulo: RT, 1997.

NERY JUNIOR, Nelson. *Código Brasileiro de Defesa do Consumidor, comentado pelos autores do anteprojeto.* 7ª ed. Rio de Janeiro: Forense, 2001.

OLIVEIRA, Francisco Antonio de. *Ação Civil Pública — Enfoques Trabalhistas.* São Paulo: RT, 1999.

PROENÇA, Luís Roberto. *Inquérito Civil.* São Paulo: RT, 2001.

REALE, Miguel. *Questões de Direito Público.* São Paulo: Saraiva, 1997.

SILVA, José Afonso da. *Curso de Direito Constitucional Positivo.* 10ª ed. São Paulo: Malheiros, 1995.

SILVA, Marcello Ribeiro. *A Ação Civil Pública e o Processo do Trabalho.* São Paulo: Nacional de Direito, 2001.

SILVA NETO, Manoel Jorge. *Proteção Constitucional dos Interesses Trabalhistas — Difusos, Coletivos e Individuais Homogêneos.* São Paulo: LTr, 2001.

VIGLIAR, José Marcelo Menezes. *Ação Civil Pública.* 5ª ed. São Paulo: Atlas, 2001.